漫畫 comics

全員玉碎！

総員玉砕せよ！

水木茂

水木しげる

酒吞童子——訳

Mizuki Shigeru

Onward Towards Our Noble Deaths

目次 Contents

登場人物

水本小隊長（少尉）

中隊長（中尉）

田所支隊長（少佐）

本田第三分隊長（軍曹）

川北第二分隊長（伍長）

吉田第一分隊長（伍長）

丸山（二等兵）

野上（上等兵）

奥山第四分隊長（兵長）

三浦（二等兵）

景山（二等兵）

横井（伍長）

小川（一等兵）

神谷衛生兵（上等兵）

加山（二等兵）

小林（二等兵）

中本（二等兵）

境田（二等兵）

赤崎（二等兵）

小島（一等兵）

金田（一等兵）

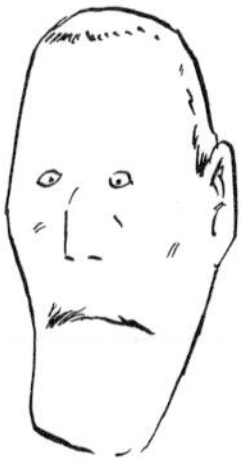

法務（憲兵中尉）

北崎第三小隊長（少尉）

山岸第一小隊長（少尉）

兵團長（中將）

參謀長（大佐）

木戶參謀（中佐）

石山軍醫（軍醫中尉）

栗本（一等兵）

森田（一等兵）

拜恩支隊組織圖

拜恩支隊（隊長：田所少佐）

- **A 中隊**
  - **第一小隊** 山岸少尉（資深）
  - **第二小隊** 水本少尉
    - **第一分隊** 吉田伍長
    - **第二分隊** 川北伍長
    - **第三分隊** 本田軍曹（資深）
    - **第四分隊** 奧山兵長
  - **第三小隊** 北崎少尉
  - **第四小隊**
- **B 中隊**

*噠噠噠噠

口中說著要為國效忠
進了人人討厭的軍隊
世上也是有這種志願從軍的笨蛋
不得不與可愛的心上人含淚道別

一大早就被叫起床
拿著抹布和掃帚不停打掃
天天被討厭的上等兵欺負
終日以淚洗面、度日如年

連吃口糧的時間都沒有
熄燈號就開始響起
五尺的床鋪、稻草棉被
這就是我們的夢想被窩
隔著千山萬水
更不會有人來探望
信件寄到時不免大喜過望
終於能一睹心上人的筆跡

新不列顛島　科可波※
昭和十八年末（一九四三）

※科可波（Kokopo）……南太平洋新不列顛島（New Britain）的地名。現為巴布亞紐幾內亞東新不列顛省的省會。

下次派駐的地點聽說有很多的木瓜樹……
似乎是像天堂一樣的地方。
我也好想去一次這種地方看看。
喂，你們在搞什麼？
啊，上等兵大人。
大家都去慰安所了，你們也快去吧。
大家……？
但三浦不是還在這裡嗎？

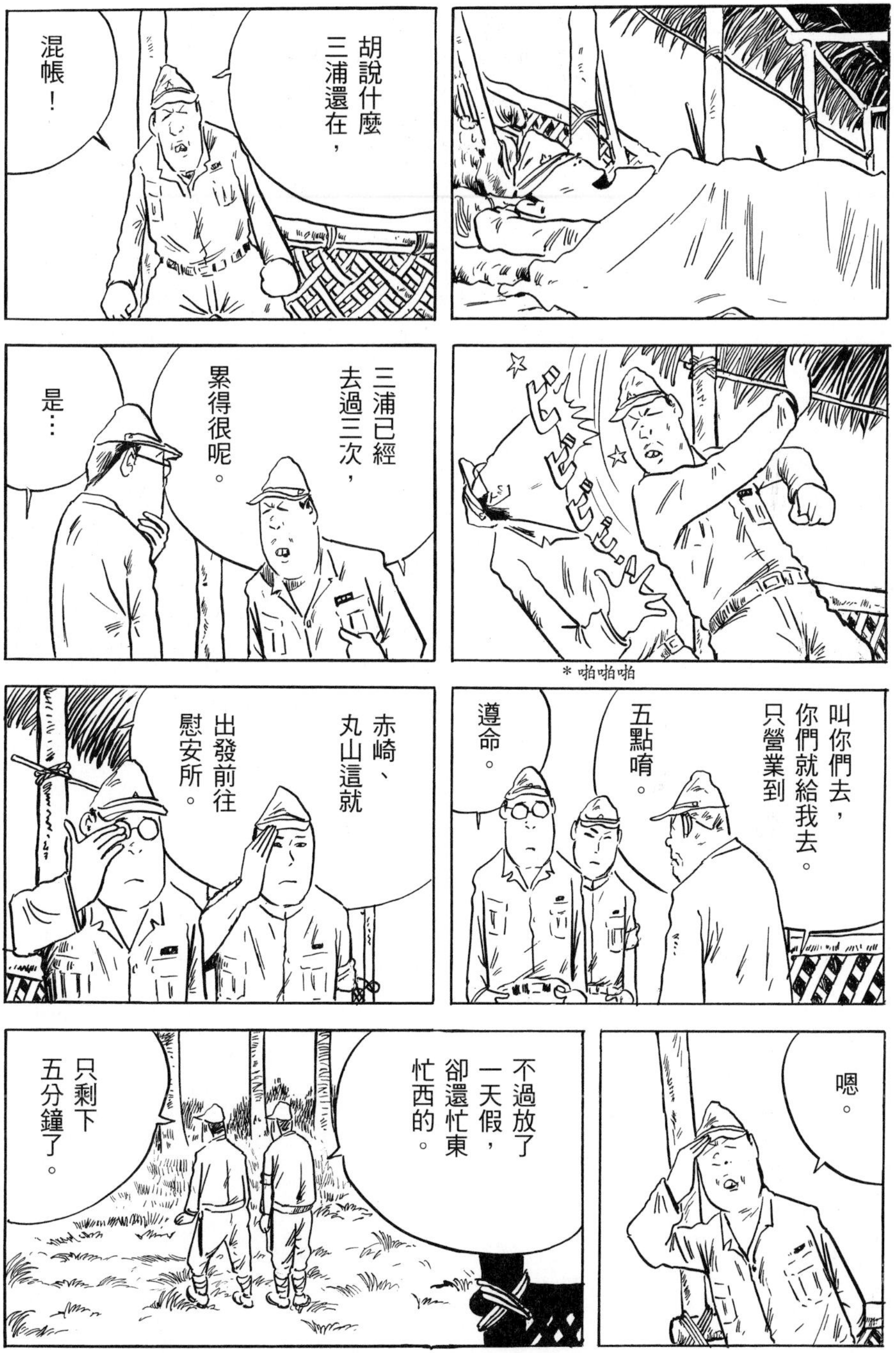
胡說什麼
三浦還在，
混帳！
三浦已經
去過三次，
累得很呢。
是…
叫你們去，
你們就給我去。
只營業到
五點唷。
遵命。
赤崎、
丸山這就
出發前往
慰安所。
嗯。
不過放了
一天假，
卻還忙東
忙西的。
只剩下
五分鐘了。
* 啪啪啪

也排太多人了吧。
這樣就算到了晚上也弄不完。
喂——快一點啦。
一人只有三十秒！
大夥們，五點了，我們要打烊囉。

別這麼說嘛，這可是為了國家。
身體已經撐不住了…
再多開一會兒嘛。
妳們再過兩、三天就會坐醫療船走吧？
但我們可是要留在這座島上等死。
大姐，再忍個七十人吧。
我只要用摸的就好。

*嘿嘿嘿嘿

我只要
用舔的
就好。
*哈哈哈哈
ははははは
私は
♬我是
喲！
くるわに
散る花よ
♬在遊廓裡　凋謝的花
ひるはしおれて
♬在白天　枯萎凋零　夜裡綻放

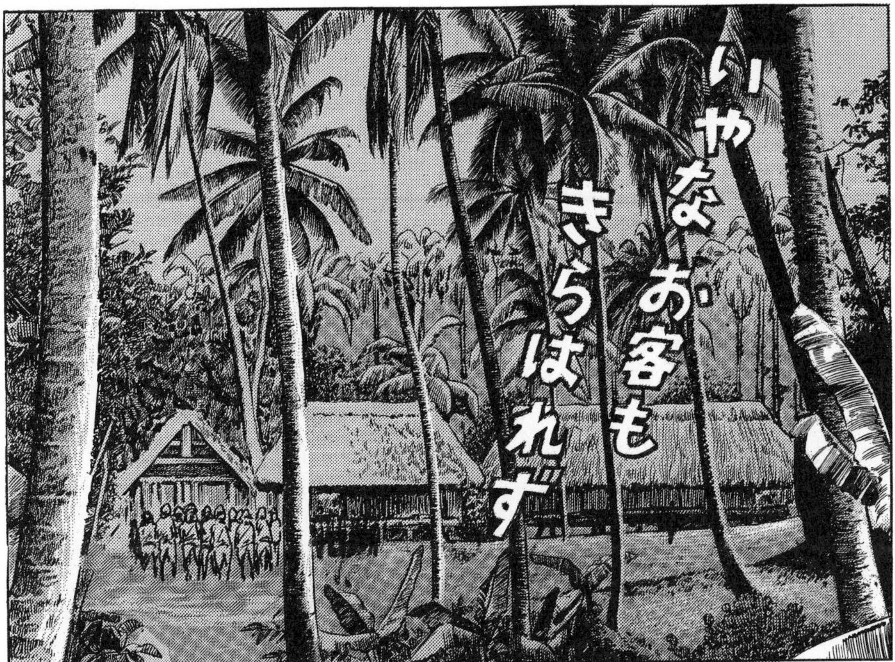
いやなお客も
きらはれず

♬討厭的客人　也絲毫不嫌棄

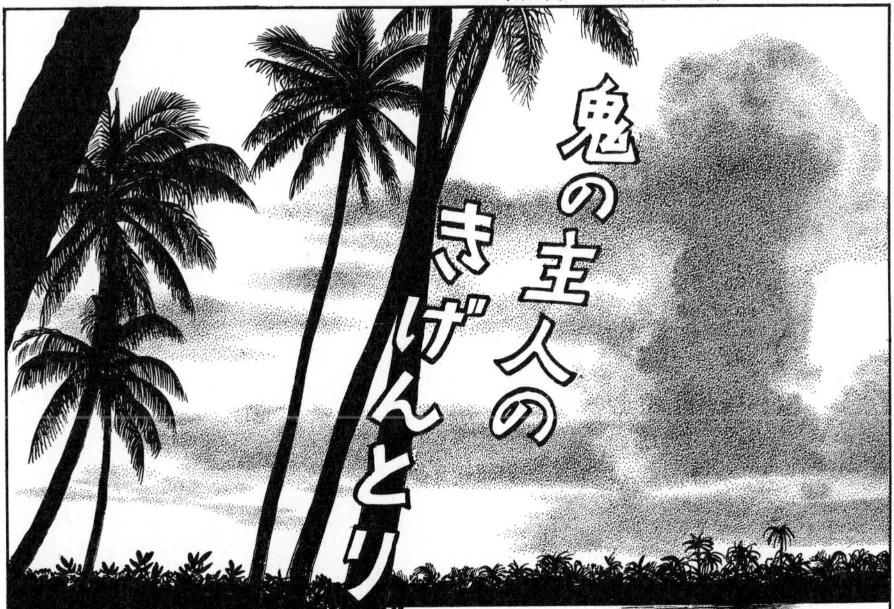
鬼の主人の
きげんとり

♬惡鬼般的雇主　也得討歡心

♬我為什麼非得做　這麼辛苦的工作呢

♬這也是逼不得已　為了雙親

……對了，昨天如何？
頂多接了兩、三人吧，畢竟時間只剩五分鐘，卻有七十個人排隊。
大多數人都被「女郎之歌」給趕走了。
搞什麼嘛。
都是因為你們拖拖拉拉，
這樣到死也還是處男喔。
我也是。
只有三浦做了三次…
才不關我的事。
我可沒做到三次喔。
整隊！

報數。
一。
二。
接下來要去找支隊長報到。
搞什麼，原來還沒要出發呀。
立正！
向支隊長大人敬禮！
朝中央行注目禮！

我是新任命為拜恩支隊長的田所少佐。
本支隊將於今天傍晚朝拜恩出發。
昔日大楠公※與賊人作戰時，曾有五百人戰死於湊川。
本支隊正好也是五百人。
期待各位驍勇善戰。
向支隊長大人敬禮！朝中央行注目禮！

※楠木公……即楠木正成（一二九四～一三三六），為日本南北朝時代的武將。效忠後醍醐天皇，後世視其為忠臣與軍人的典範。

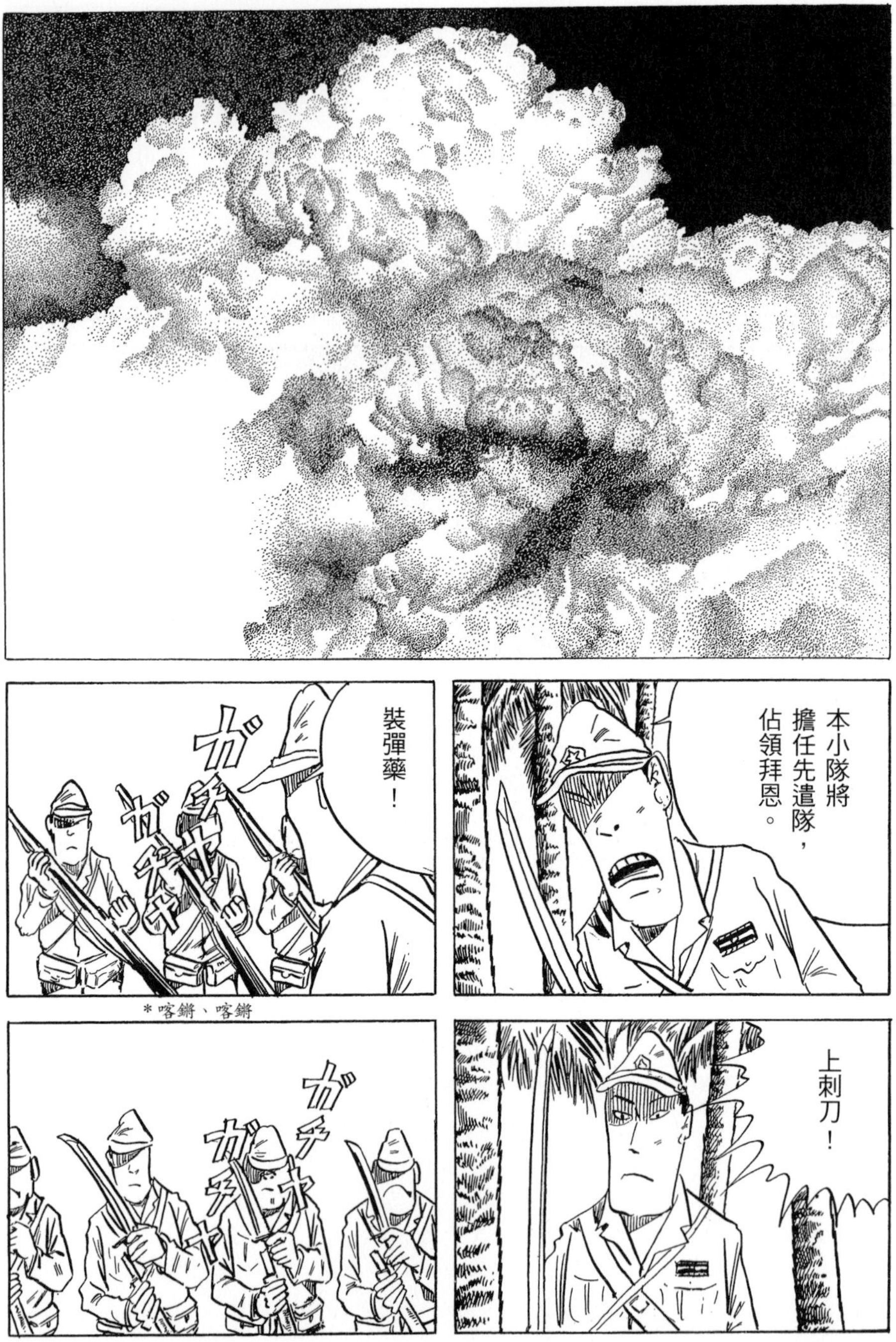
本小隊將擔任先遣隊，佔領拜恩。
裝彈藥！
ガチャ
ガチャ
上刺刀！
ガチャ
ガチャ
*喀鏘、喀鏘
*喀鏘、喀鏘

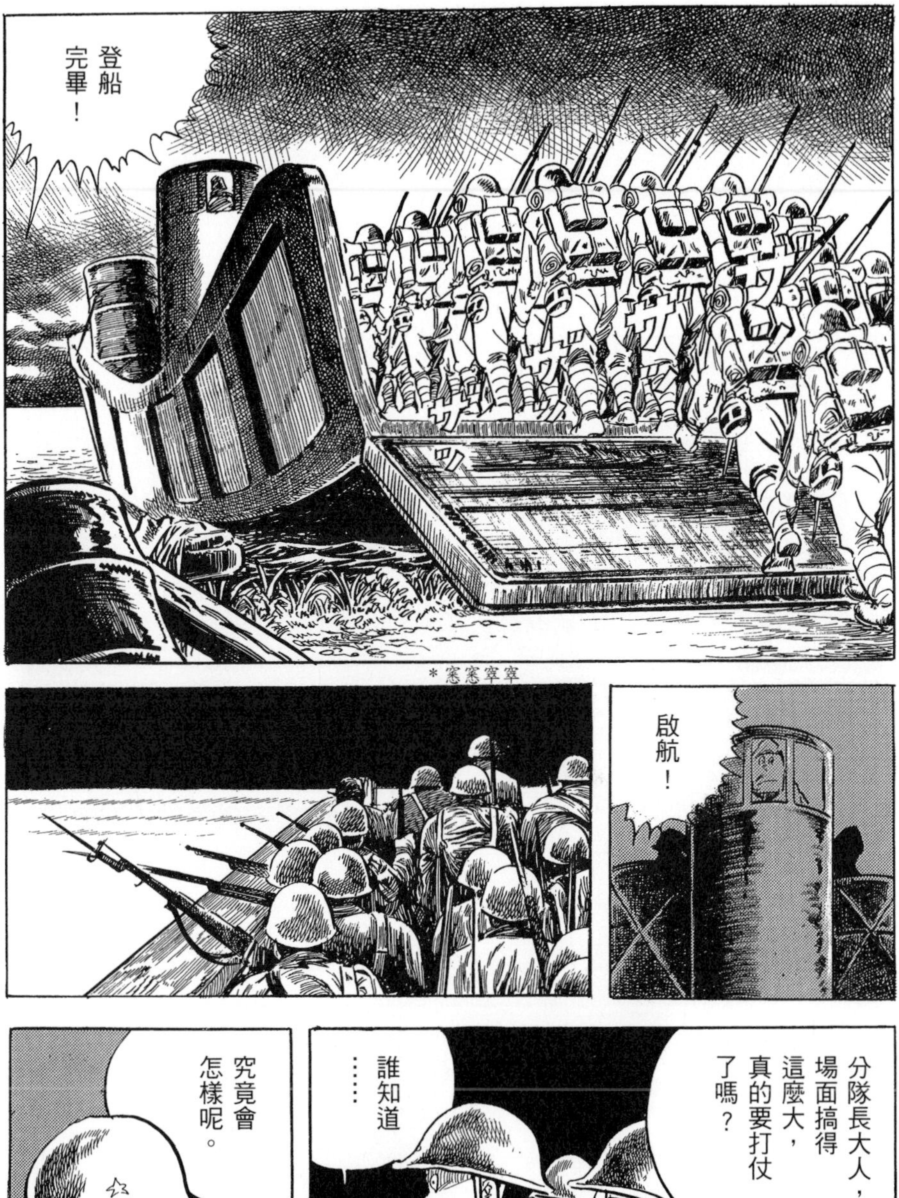
登船完畢！
ザッ ザッ ザッ ザッ
＊窸窸窣窣
啟航！
分隊長大人，場面搞得這麼大，真的要打仗了嗎？
誰知道……
究竟會怎樣呢。

＊唰唰唰

＊咻

ジャボン
ジャボン
バシャ
バシャ
＊撲通、撲通
＊嘩啦嘩啦
真是安靜。
根本沒人在嘛。
我們終於成功無血佔領了。

說是佔領成功了呢。
正如你說的，這裡就跟天堂一樣呢！

沒錯……
這裡正是全員
共上天堂之地……

拜恩之雨

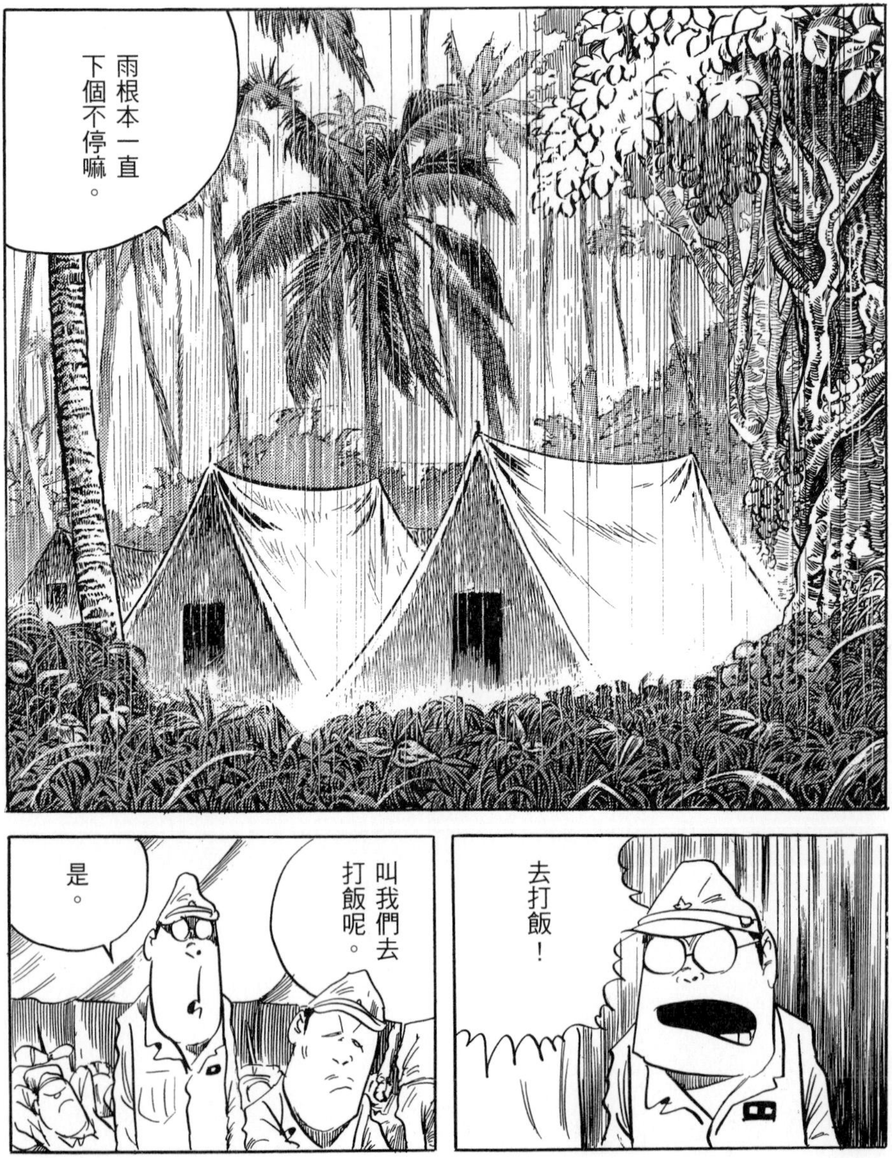
雨根本一直下個不停嘛。
去打飯！
叫我們去打飯呢。
是。

你在拖拖拉拉什麼！
＊啪啪啪啪
ザー
＊嘩——
搞什麼鬼，盛飯桶裡還沾著飯粒呢。給我洗乾淨！
是。
是什麼是！
＊咚
カポッ
去重洗一遍。
ポカッ
＊碰
新兵真不是人幹的。
說得沒錯。

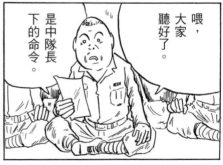

我好像發燒了。
那不多注意可不行呢。
終於弄好了。
嗯。
ザザーッ
*嘩啦——
喂，大家聽好了。
是中隊長下的命令。
儘管現在是雨季，連日下著大雨，
但不能因為下雨，就怠於修築陣地。

誰也不知道敵人何時會攻過來。
第一分隊。
在。
負責搬運椰子樹。
第二分隊負責伐木。
第三分隊，就是我們這個分隊，
要負責挖掘洞穴。
第四分隊負責搬運糧食。
知道了嗎？
遵命。

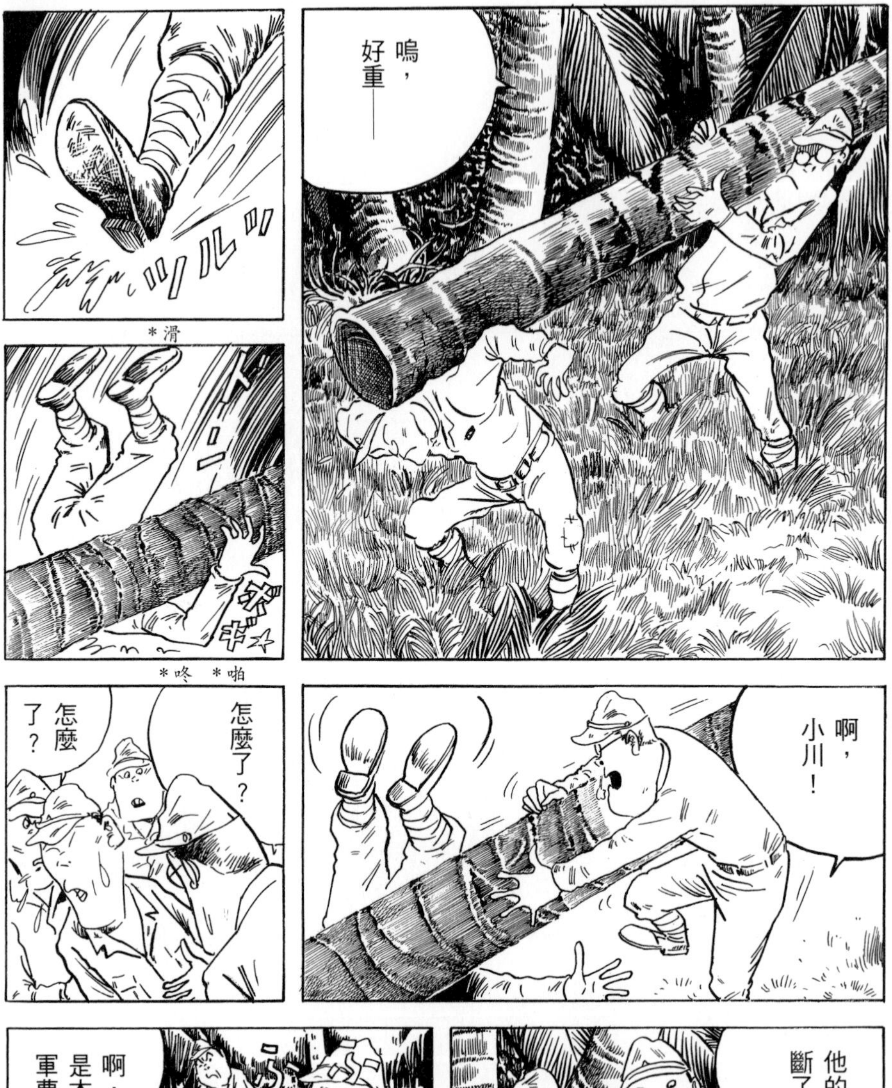
嗚，好重——
ツルッ
＊滑
ドーン
ボキッ
＊咚　＊啪
啊，小川！
怎麼了？
怎麼了？
他的手斷了。
啊，是本田軍曹。
＊呼——呼——

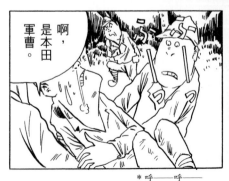

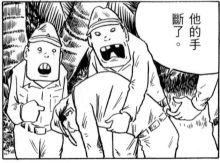

大笨蛋！
全怪你們拖拖拉拉的。
對不起。
*砰
バゴッ
*磅
ぱったり
喂，把他抬去找軍醫。
遵命。
……
看來他除了骨折，
還得了登革熱。
那我們先回去了。
謝謝。

真是的，搬棵樹也得玩命。
說得沒錯。
＊嘩啦——
今天終於放晴了。
休息一下吧。
ドサッ
＊咚
每天的飯量只夠裝滿飯盒蓋，實在撐不下去了。

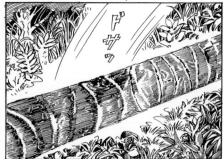

樹上的果實不知能不能吃。
嗯……
*啃
ガブー
不行，太苦了。
ゲーッ
*嘔
假如現在就要死了的話，
你會選擇吃飯，還是選擇那個？
當然是選女人囉。
我應該會選擇吃飯吧。

真羨慕你們。
我們從早上到現在只搬了五棵呢。
幫幫忙吧。
開什麼玩笑。
我們也是咬緊牙關、苦撐過來的。
別這麼說嘛，我們體格相差太多了。
我連走路都很困難呢。

喂，小林，你是在學小川嗎？
痛死了，少烏鴉嘴。
哪裡烏鴉嘴了？
小川今天早上過世了。
是登革熱害的吧。
走得真快，下個就換你了吧。
我全身長滿了股癬。
股癬要不了人命的。

小川的事雖然很遺憾，但景山過得可涼了。
他在瓦藍戈耶河當渡船夫。
根本就是在玩。
啊，那個禿頭呀。
不過肚子餓成這樣，實在無法幹活。
聽說過年可以吃到豬肉呢。
豬肉！
不偶爾吃個豬肉，還真的幹不下去了。
明天的值班。
為了捕捉過年用的豬肉，丸山、境田，去蘇伊島的大隊本部報到。
知道了嗎？
是。

終於可以不用再修築陣地了。
嗯。
我跟你是同鄉呢。
這麼一說，我們確實是一起被派過來的呢……
聽說瓦藍戈耶河對岸有山藥。
什麼，山藥？
偶爾還真希望能吃個飽。
就算生吃也很好吃唷。
那還真讓人期待。
人都到齊了嗎？
是的。
在此開始捕捉過年用的豬肉。

這裡有豬嗎？
管他有沒有，這可是大隊長（支隊長）的命令。
我們非捉到不可。
要捕豬是嗎……
要渡過瓦藍戈耶河嗎？
聽說河裡有鱷魚呢。
喂，景山，拜託你了。
總共多少人？

這艘船快壞了，一次只能載兩人。
那就兩個兩個上吧。
下一趟就換我們兩個吧。
嗯。
真想快點吃到山藥。
哈哈哈。
我呢，
從小時候就最愛吃山藥了。

就算生吃也很不錯唷。
境田跑哪去了？
？
不知道…我剛剛忙著挖鼻孔…
好像是帽子掉進河裡，他要去撿的樣子…
該不會是鱷魚吧？
鱷魚的話，應該會聽到水聲吧？
這麼說也對。
如果人數短缺就麻煩了，得先找他才行。
現在可不是忙著捕豬的時候。

連上游都找遍了，卻還是尋不著人。不知不覺就天黑了，只好中止搜索。
聽說沒發出半點水聲呢。
實在很可怕。
聽說你對鱷魚開了槍，卻沒打中是吧。
是啊。
大家聽好了。
明天的值班…丸山，你負責幫中隊長畫花牌。

遵命。
第一分隊負責搭建兵舍。
遵命。
今天難得放晴了。
丸山前來畫花牌了。
辛苦了。
怎麼樣，可以請你幫忙畫肖像嗎？
是的。

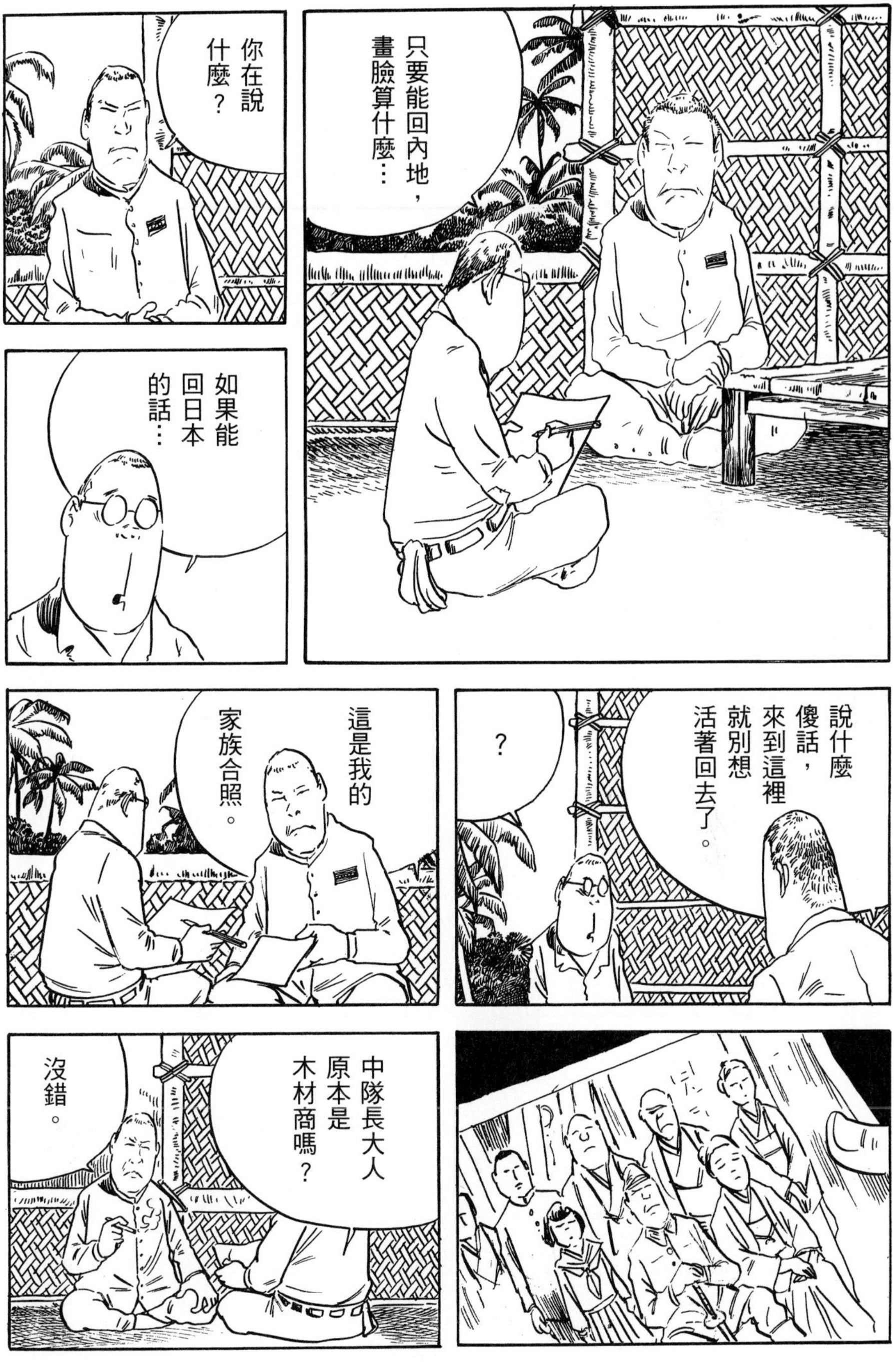
只要能回內地，畫臉算什麼…
你在說什麼？
如果能回日本的話…
說什麼傻話，來到這裡就別想活著回去了。
？
這是我的家族合照。
中隊長大人原本是木材商嗎？
沒錯。

這些花牌已經變得破破爛爛，無法使用了。
這些全部都要畫嗎？
沒錯，光是修理的話會留下記號，馬上就被看出來了。
那我畫好再拿回來。
你要幹嘛？
吃午餐。
怎麼現在才說。
ビビビビビビビビビ
ウッ
＊唔
＊啪啪啪啪
要在中隊本部用餐的話，前一天就得先講……
是。
午餐是吃巴掌呀……

喂！景山！
馬上來。
餓到沒力幹活了。
先上船吧。
別告訴其他人，我這裡有山藥。
咦，山藥！

哇！有這麼多山藥可以吃，就算死了也甘心。
もぐもぐ
＊嚼嚼
下次再來吃吧。
啊！
正想說怎麼會有屍臭味。
有東西要漂過來了。

是士兵的下半身！
這一定是境田，原來他被鱷魚吃掉了。
因為鱷魚都會把獵物埋入泥中，等腐爛之後再享用⋯
你們兩個是一起入伍的吧。
居然變成這麼悲慘的模樣⋯⋯
實在有夠臭的。
洗一洗再帶回去吧。
ザーザーザーッ

*嘩——嘩——

重度勞動與甩巴掌

* 啪啪啪啪

是。
真是不敢相信。
本田軍曹是怎樣？
在這種鬼地方還這麼認真。
你在搞什麼？
這道壕溝要朝那裡的敵人開槍才對。
角度完全搞錯了吧？
是。
光說是就有用了嗎？
敵軍就快登陸了，你還在想什麼？
* 啪啪啪啪
過分。
簡直是熊。
聽說他本來是北海道的孤兒。
反正都是那一類的出身吧。

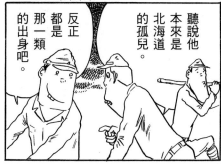

我們來這裡之後，就老是挨揍。
小川根本是被害死的。
喂，你們在說什麼悄悄話！
真是的，終於能休息了。
新兵整隊！
你們實在太鬆懈了。
搞懂了沒！

* 啪啪啪啪

* 啪啪啪啪啪

是的。
太小聲了！
＊啪啪啪啪啪
こてん
ばったり
＊咚
＊磅
累死了。
連尿尿的時間都沒有。
嗚哇——肚子好痛。
哇——忍不住啦！

ガボッ
＊噗滋
啊！
＊呼—呼—呼—
スポッ
＊噗咻
啊，我的鞋……
這也實在太黏了吧。
ぬるぬる
＊黏答答
如果在這裡被軍曹或老兵逮到的話……
哎呀哎呀，哪裡有水，哎呀哎呀。
＊呼—呼—
用這個盛飯桶算了。
＊嘩啦

運氣真背。

哇!

*嗝嗝嗝

報數!

點名!

三二一

一時腳滑，
掉進河裡了。

呃噫，
這個，
那個，

你的
鞋子呢？

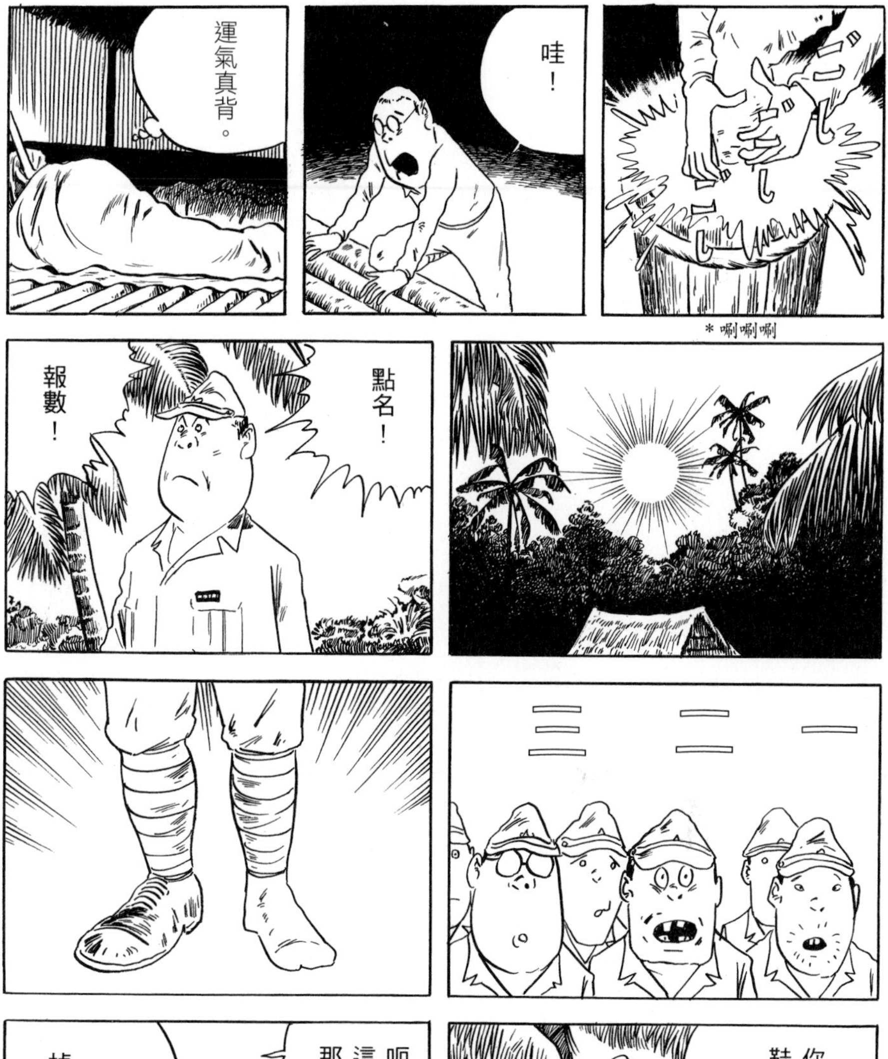

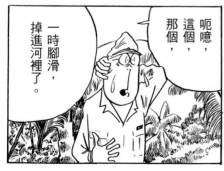

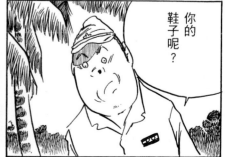

就是因為你太散漫了！
混帳。
王八蛋，一大早就揍我。
今天的早餐讓我來盛吧。
？
就算洗過，底部應該留有昨晚的糞便吧。
讓軍曹吃屎……
喔喔，的確是咖啡色。
餐點準備好了！
這下好玩了。

＊啪啪啪啪

喂，丸山。
我剛在中隊本部吃過了，我的那份就給你吃吧。
是？
叫你吃飯，有什麼問題嗎？
ガブ
＊大口
樂意至極，我開動了。
モグモグモグ
＊嚼嚼嚼
還沒找到鞋子嗎？

是、是的。
真拿你沒辦法。
*丟
ポン
啊
給我穿太浪費了。
乖乖穿上就對了！
本田軍曹雖然這個樣子，但他還是有優點的。
是喔——

＊咕咕咕

他有小孩嗎？
聽說有讀小學五年級的和三歲的女兒。
ククク
本田軍曹，你的鞋子呢？
啊。
我從今天開始打赤腳了。
哈哈哈哈。
師團司令部下令交代，松山陣地要在這個月蓋好。
小隊長，我明白。請交給我本田吧。

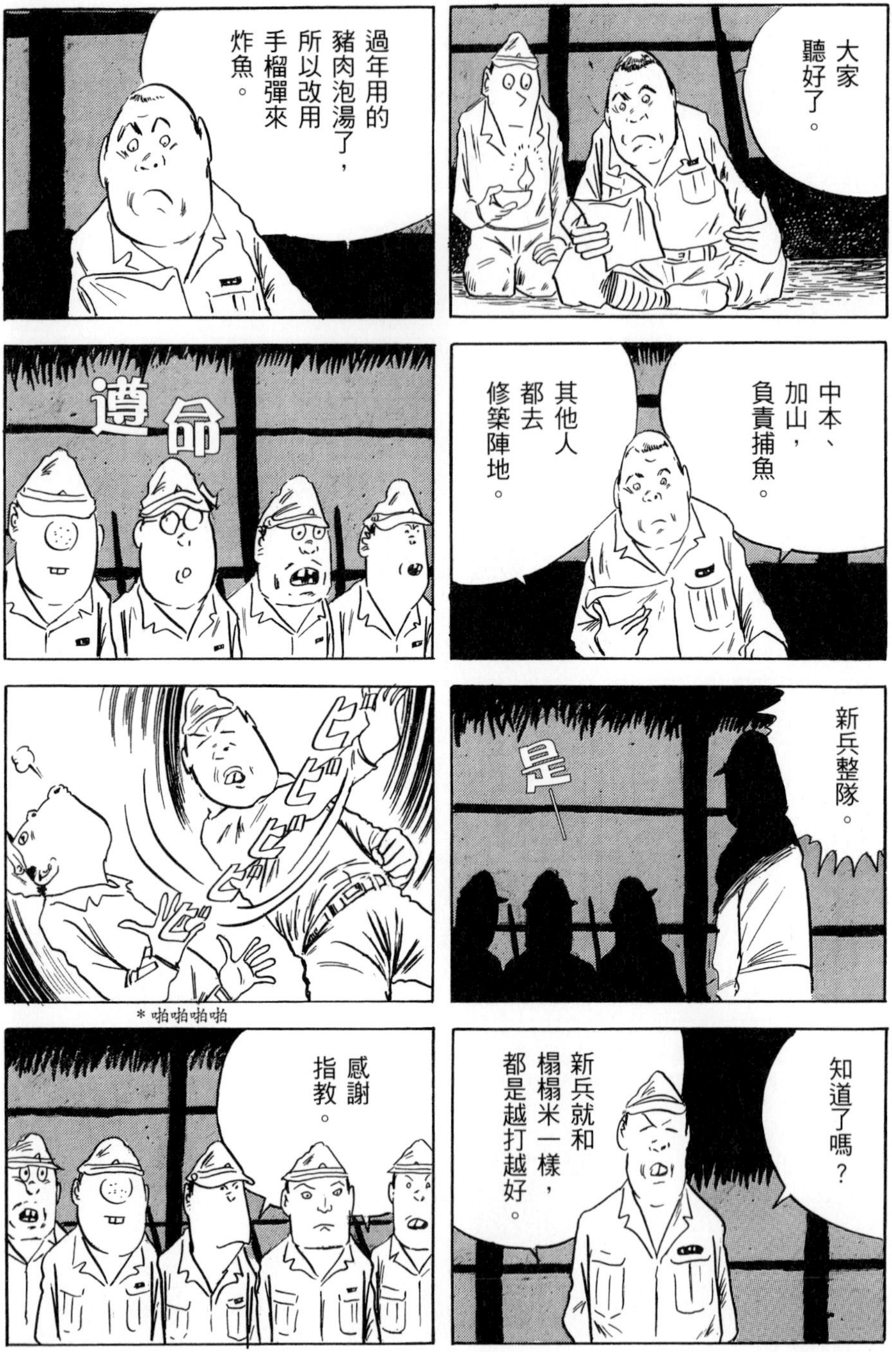

大家聽好了。
過年用的豬肉泡湯了，所以改用手榴彈來炸魚。
中本、加山，負責捕魚。
其他人都去修築陣地。
遵命
新兵整隊。
是
知道了嗎？
新兵就和榻榻米一樣，都是越打越好。
感謝指教。

＊啪啪啪啪

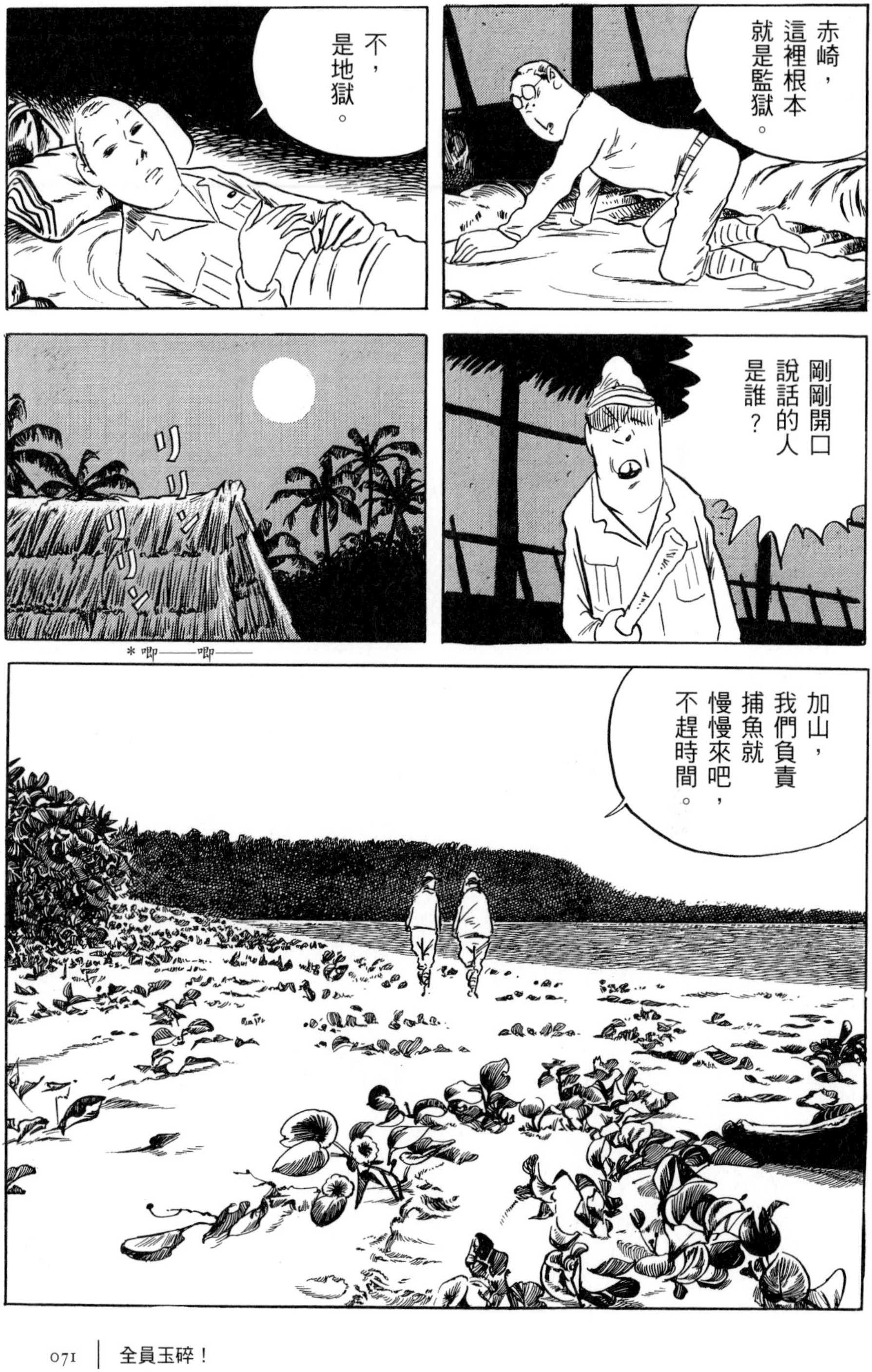

赤崎，這裡根本就是監獄。
不，是地獄。
剛剛開口說話的人是誰？
リリン
リリン
*唧——唧——
加山，我們負責捕魚就慢慢來吧，不趕時間。

先來抽一根吧。
哇哈哈。
如果抓到魚的話，我們就先做生魚片來吃吧。
當然啦。
金田那傢伙真的很囂張。
拿盛飯桶揍他吧。
我總有一天要痛扁他一頓……
啊，是大隊長。
敬禮！
嗯。
你們不覺得拜恩的地形跟湊川很像嗎？
是，非常相似。

沒錯吧，就是說嘛。
微笑
大隊長是怎樣？
說是視察，但根本是在玩嘛。
真搞不懂這些大人物在想什麼。
開始抓吧。
真的有魚耶。
看招！
＊咻——
＊喀鏘
＊砰——

先用手榴彈把魚震暈，再趁機抓上岸。
バシャバシャ
＊嘩啦嘩啦
哇，好大隻。
嗯，這裡也有。
＊大口塞進
啊，這裡也有。
がぶっ
＊吞
うぐっ
うううっ
＊嗚呃

*沉入
啊！
你怎麼了？
中本——振作一點。
*嗚呃
ううっ
喂！
喂，中本！

中本ー
ザザー
ザザー
大家聽好了。
中本今天在捕魚時不幸喪生了。
*嘩——嘩——
中隊長下令，以後禁止用手榴彈炸魚。
還有，最近敵軍的飛機常在上空盤旋，因此，要展開對空監視。
由吉田班長率加山、丸山、赤崎，對空監視。知道了嗎？
是的。
新兵整隊！

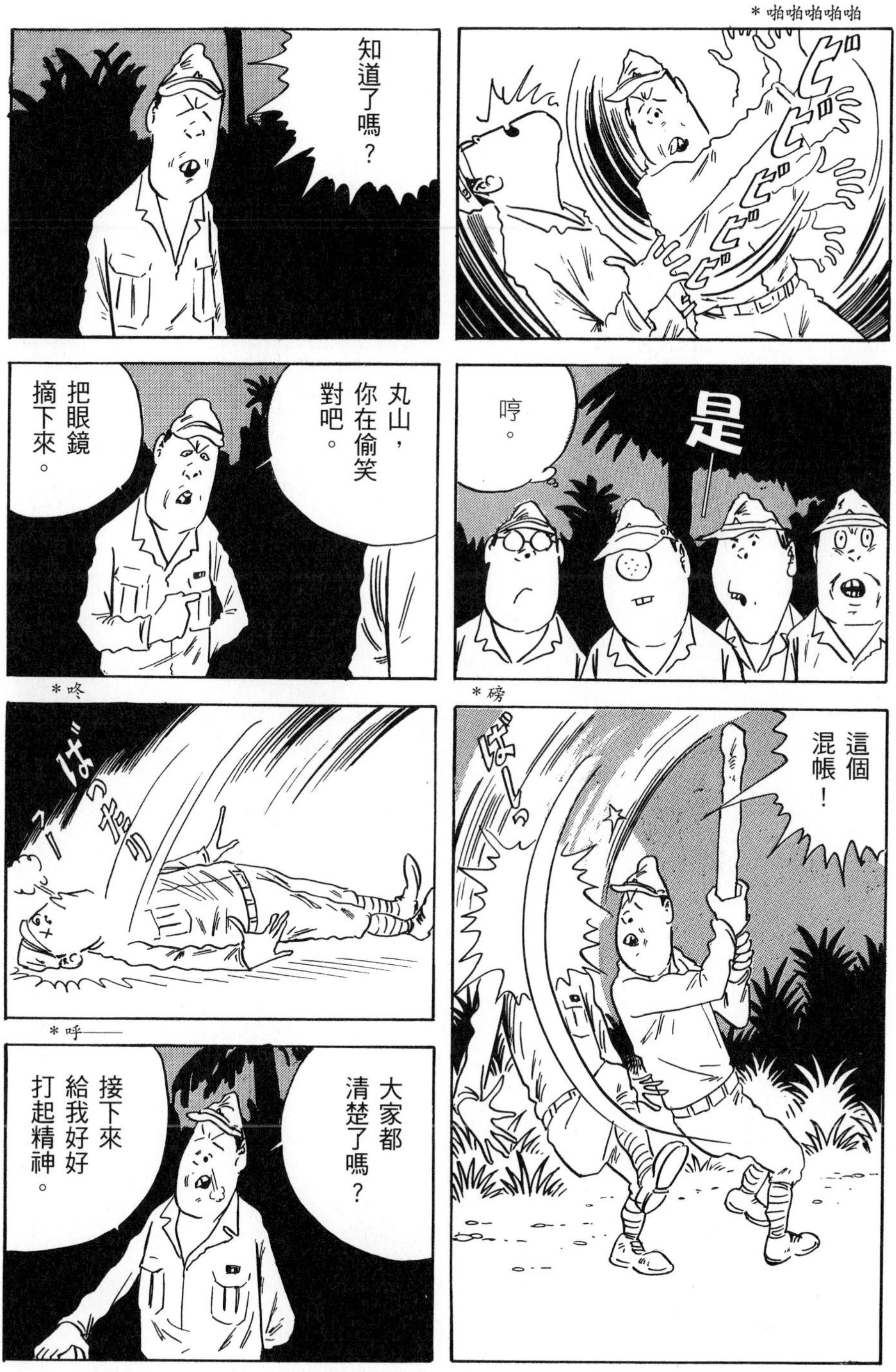

＊啪啪啪啪啪
知道了嗎？
是
哼。
丸山，你在偷笑對吧。
把眼鏡摘下來。
＊磅
這個混帳！
＊咚
＊呼——
大家都清楚了嗎？
接下來給我好好打起精神。

＊啾啾啾啾啾、啾——

ピピピピピ
ピーッ
如果沒有戰爭的話，這裡還真是個和平的好地方。
ポークポーク
ポーーク

＊布穀、布穀、布——穀

啊，是馬汀戰鬥機。
居然在低空飛行。
＊磅磅磅磅
＊咻——
哇，根本是超低空啊。
＊磅磅磅磅

＊噠噠噠噠
這究竟是怎麼回事？
此時，正在擔任渡船夫的景山……
＊哇——
＊咻——
＊磅磅磅磅
＊撲通
啊
＊嘰——

*噠噠噠噠噠
呀！
完蛋了，得快躲到桶子裡。
*磅磅磅、磅磅磅
*擊中

＊嗡——

此時，景山在沒人看到的地方悄悄喪命了。
終於走了。
大概誤把我們看成豬了，才會開槍射擊吧。
加山呀，中本究竟是怎麼死的？
因為魚鱗的方向反了，導致一直拔不出來。
即便如此，還是死得太慘了。
你別老是問中本的事。
他是我的同鄉……同梯入伍的。
是嗎，我和赤崎也是呢。

在我進入連隊之前，就在火車上遇到他了。
就連下部隊時都在一起。
運輸艦上分開後，在科可波道別。
到了拜恩又再次相遇。
這就是所謂的命運吧。
這樣啊
……
說不定是一起拿到通往地獄的車票呢，哈哈哈。
應該還會再遇上好事的。
*嗚——嗚——
ホーホー

小指

居然要跟你一起扛洗澡水。
好好撐吧，水都灑出來了。
你們在搞什麼？
是。
你的階級章是怎麼掛的？
你瞧不起軍隊嗎
看起來就像一等兵掉了顆星星一樣。
是。
是什麼是。
你動作太大啦。
＊揍
ポカリ

我以後會把動作放小一點。
好吧。
嘖。
偶爾還真想揍回去。
ザ
＊嘩——
就是說呀。
喂，我要進去洗囉。
啊！
你的傢伙也太大了吧。
才、才沒有這回事呢。
即使用兩手遮，還是會從下面跑出來。
真是嚇死人了。

基本上你從在科可波的時候就很誇張了。
別這麼說嘛。
就我看來，你是全中隊裡最大的。
是嗎？
我洗完澡後要去尿個尿，你先去找中隊長吧。
嗯。
ププププ
ポア
這聲音真不錯。
你可別偷大便唷。
不然要送軍法審判的。

*噗噗啵

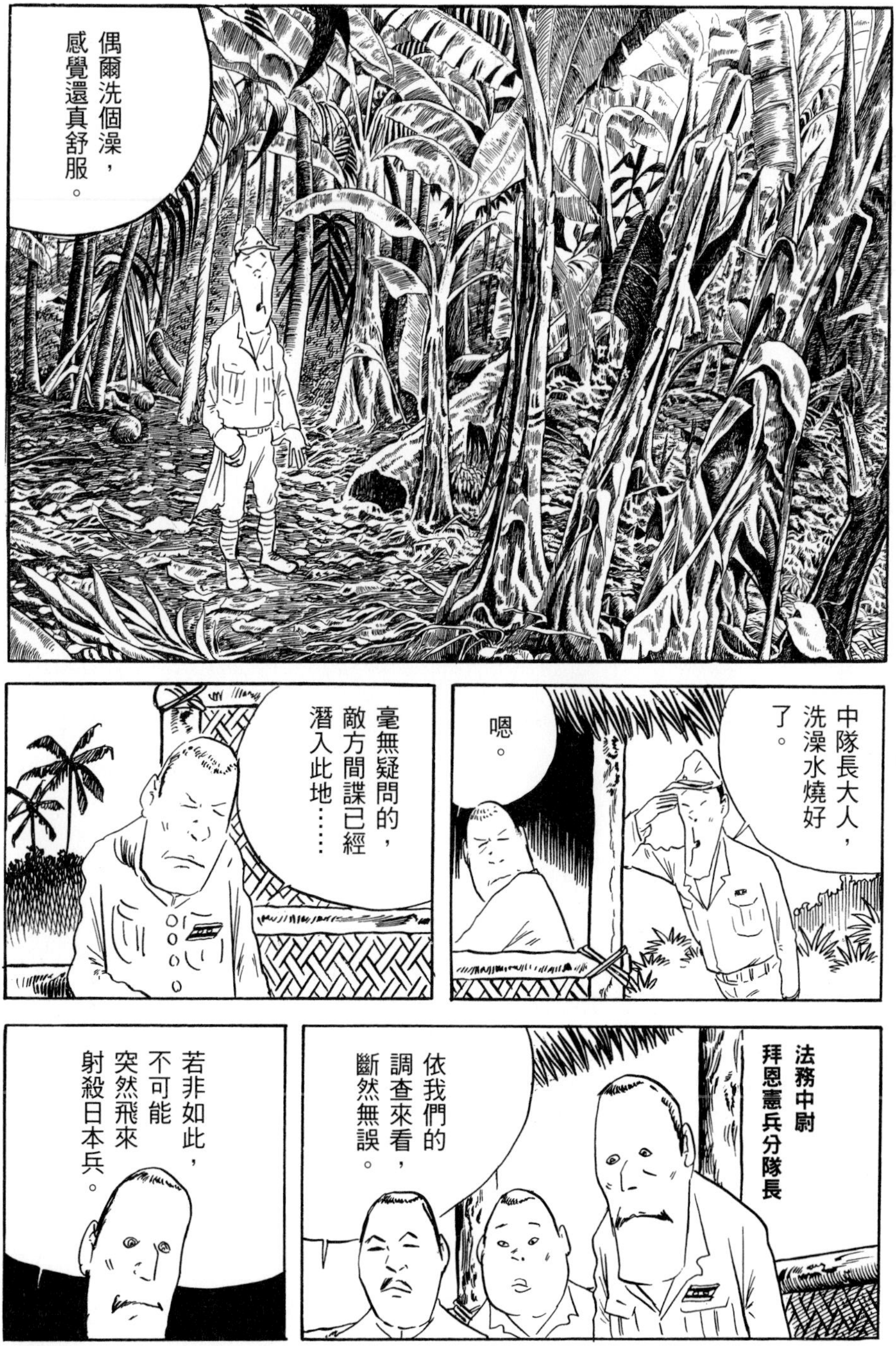
偶爾洗個澡，感覺還真舒服。
中隊長大人，洗澡水燒好了。
嗯。
毫無疑問的，敵方間諜已經潛入此地……
法務中尉
拜恩憲兵分隊長
依我們的調查來看，斷然無誤。
若非如此，不可能突然飛來射殺日本兵。

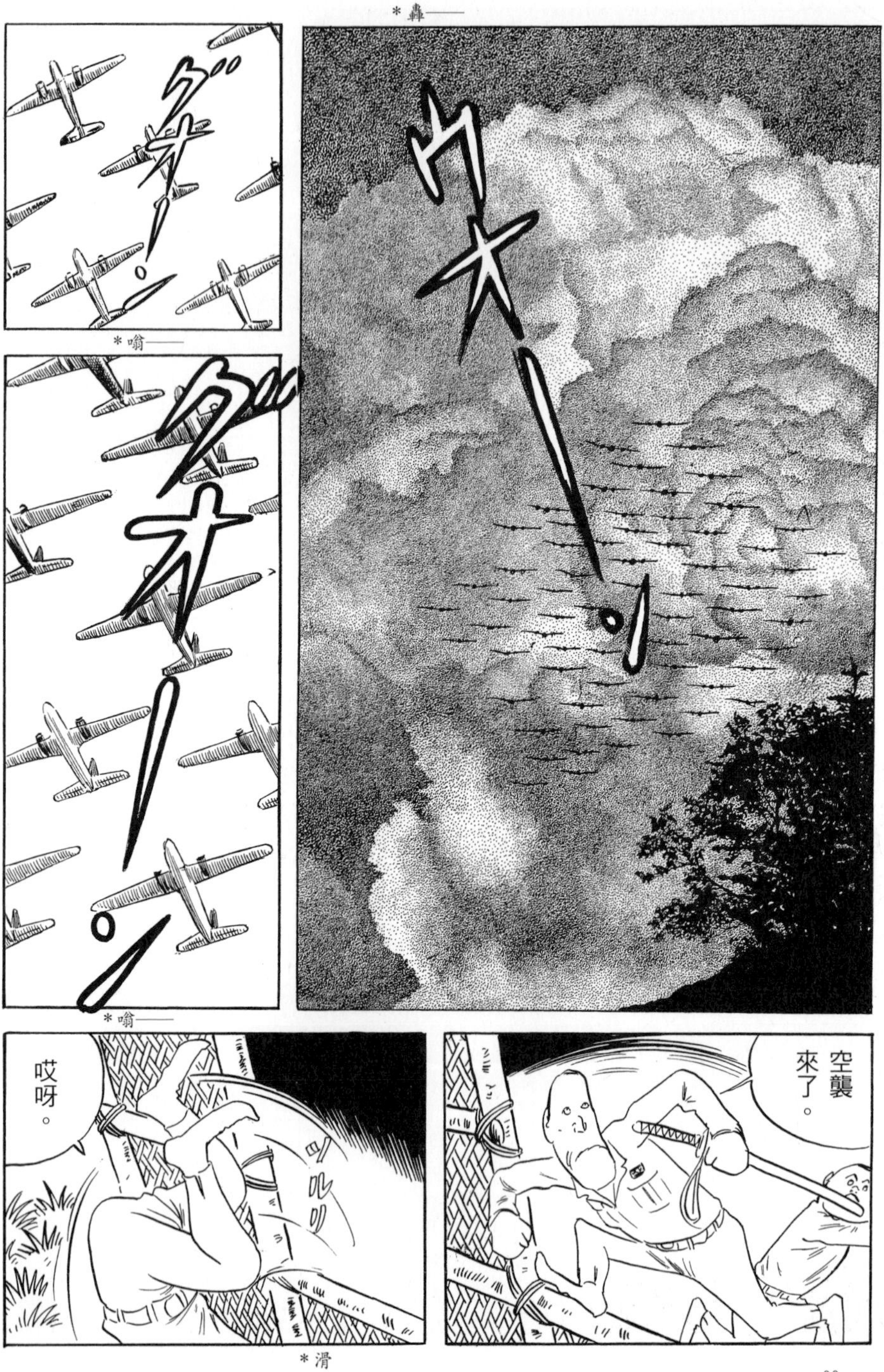
ウオーン
*轟——
グオーン
*嗡——
グオーン
*嗡——
空襲來了。
哎呀。
ツルリ
*滑

＊砰——

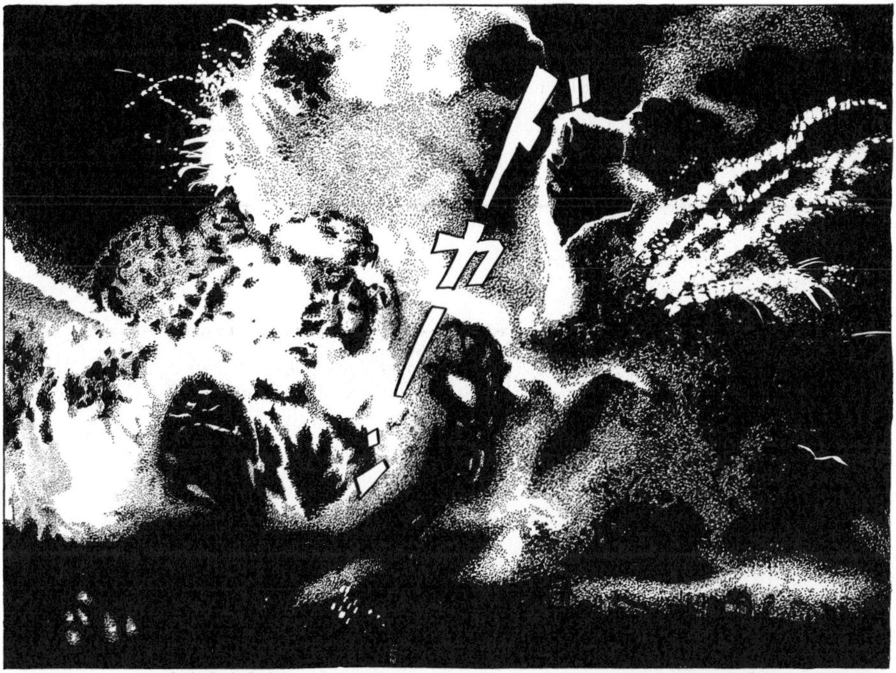

＊噠噠噠噠噠噠　＊嗡——

看來是逃走了。
從炸彈都投偏了這一點看來，
應該是在往拉包爾的途中順便轟炸一下吧。
不管怎麼說，
不快點鏟除間諜可不行呢。
你去找第二小隊。
遵命。
我先去洗個澡。
中隊長大人，水溫還可以嗎？
嗯。
中隊長大人，我幫您洗背吧。
嗯。

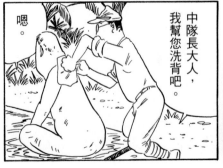

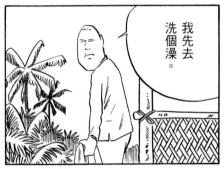

※精勤章……日本陸軍為表揚勤奮工作者所授予的徽章。為《形的臂章。

你還真勤快，之後頒個精勤章※給你吧。
多謝長官栽培。
大家聽好了。
敵人似乎就藏在米勒姆深處。
第二小隊將全員出發討伐。
帶上全副武裝，知道了嗎？
はーい
分りました
新兵整隊！
ビ
ビ
ビ
ビ
＊是，知道了——

＊啪——

＊啪啪啪

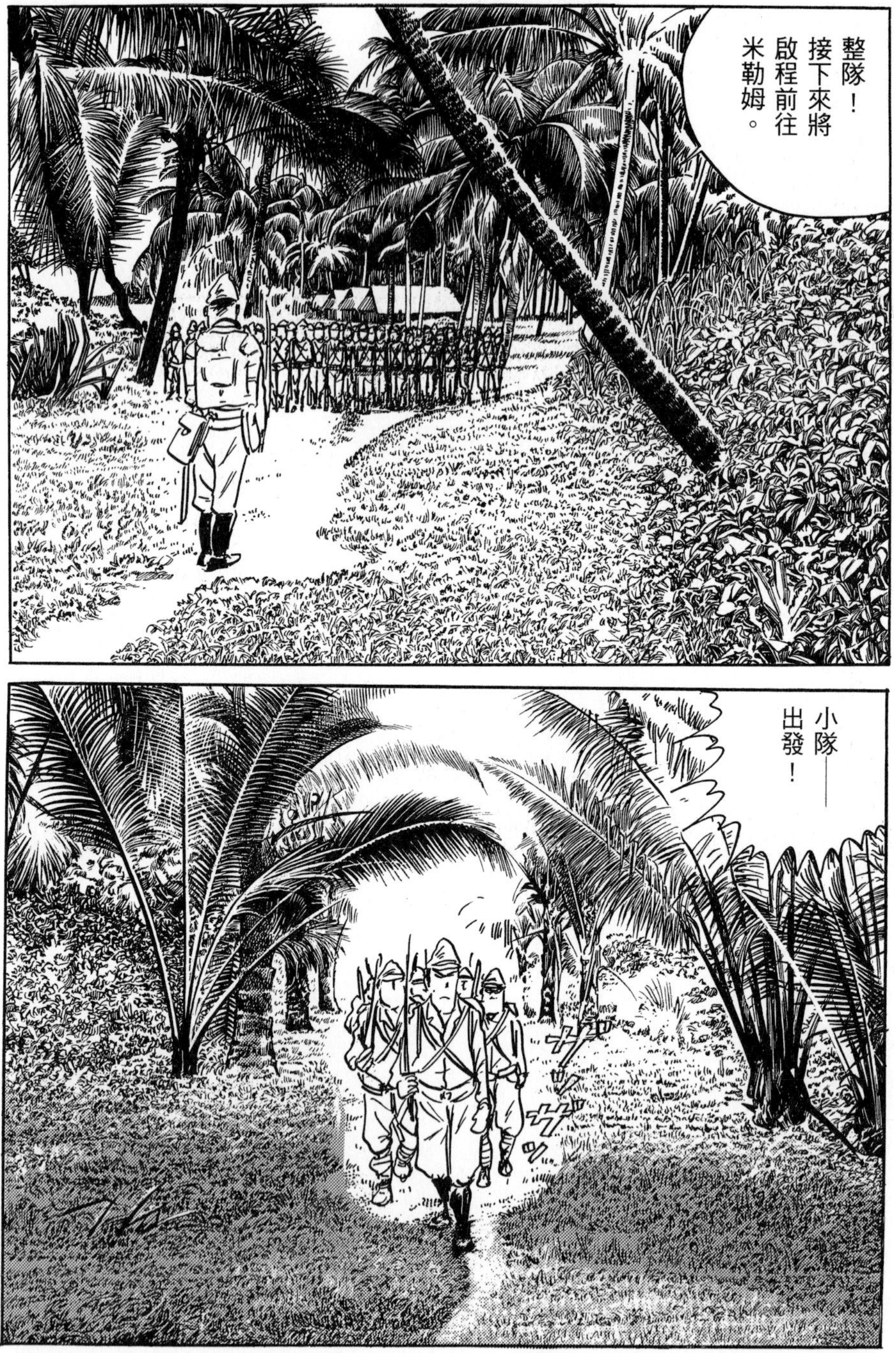
整隊！接下來將啟程前往米勒姆。
小隊——出發！
ザッ
ザッ

*噠噠

*劈啪
ぴかっ
*轟隆轟隆轟隆隆
ザザッ
ザーッ
*嘩啦——嘩——
稍事休息。
立叉槍。

衛生兵大人，看來這雨暫時不會停呢。
嗯。
你身上有菸嗎？
有的。
當衛生兵應該比兵科來得吃香吧？
別說傻話了。
如果討伐中出現陣亡者的話，
不但要收集遺骨，還要搬運傷者，可是很辛苦的啊。
出發！
ザザ
ザー
ザー

*嘩——嘩啦——

*嘩——

＊唰唰唰
＊噠噠噠噠
是敵軍！
＊噠噠噠噠
散開！
＊噠噠噠噠、噠噠噠噠
＊嘩——嘩——

*擊中
啊！
*唔呃
*噠噠噠噠
加山！
*翻滾
暫時撤退！
*唰唰——
等一下！
啊。

我要去切下加山的手指，你也來幫忙。
居然叫我幫忙……
不快點的話，就要落入敵軍手裡了。
＊唰唰——
＊噠噠噠噠
喂，加山！
他還活著。
＊驚
快點切下他的小指。
好當成遺骨啊。

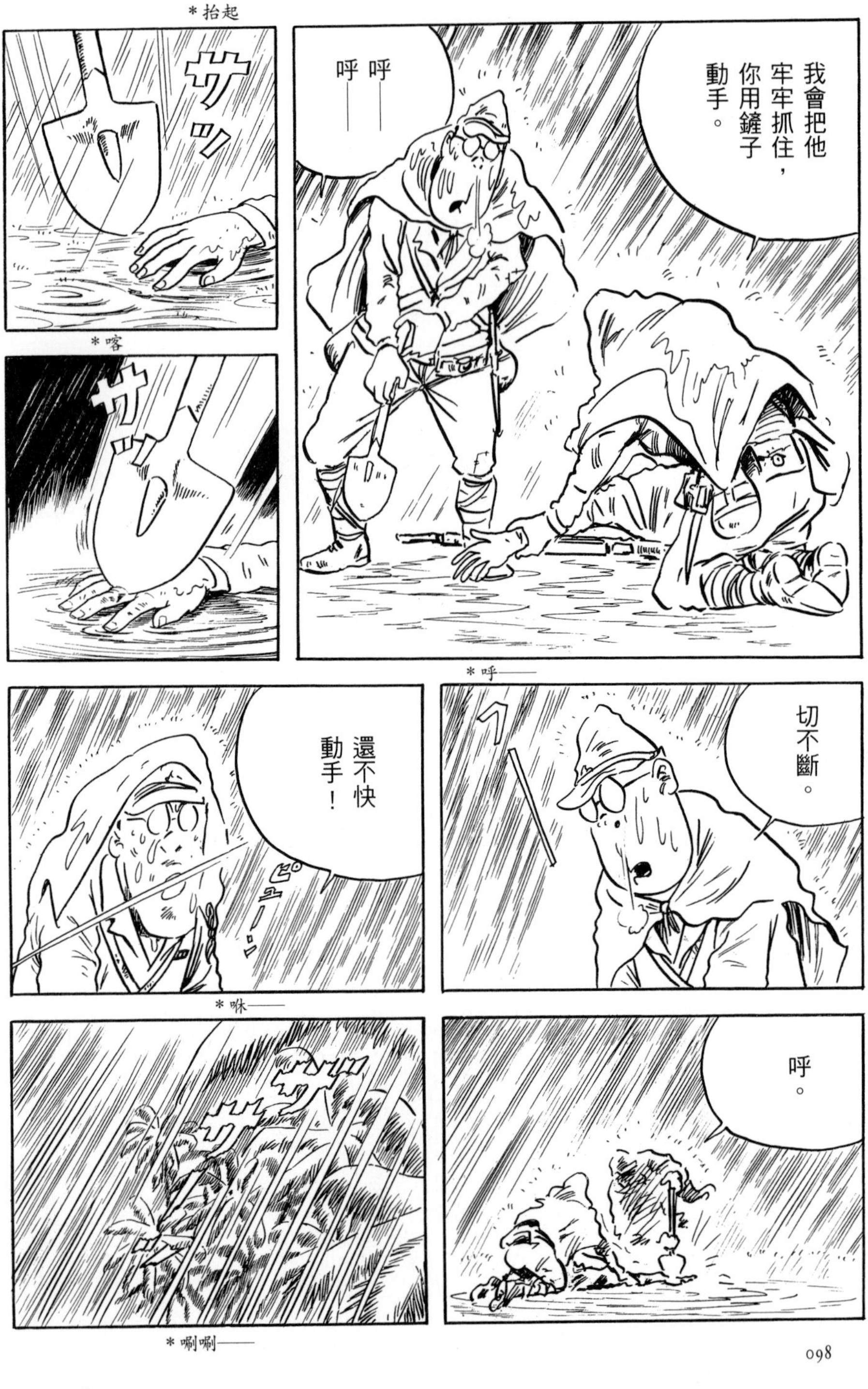
＊抬起
サッ
＊喀
ザッ
我會牢牢抓住他，你用鏟子動手。
呼——呼——
＊呼——
切不斷。
還不快動手！
ピューー
＊咻——
ザザザ
＊唰唰——
呼。

＊唰唰——
你們要棄我而去了嗎？
＊抖動
＊噠噠噠噠

不好好偵察可不行吶。
你偵察時到底都在幹什麼？
是，
咱們看到的時候，
敵軍確實是在山上。

別說什麼「咱們」，簡直就像鄉下人一樣。
是軍人的話，就好好講「我們」。
遵命。
カリカリ
*搔頭
算了。
已經知道敵軍大概的位置了。
分成四隊加以包抄。
敵軍最多也差不多二十人。
決定好了的話，
就從第一分隊開始出發吧。

嗯，就這麼做吧。
*咻
啊！敵軍來襲！
輕機槍！
ダダダダ
*噠噠噠噠
ダダダダ
*噠噠噠噠
步槍！

*砰
*喀鏘喀鏘
我們來發射擲彈筒吧。
發射！
*砰
*磅——
就是現在，突擊！
*喔喔！

＊上啊！

＊靜悄悄

＊噠噠噠噠噠

好像已經逃走了。
哇，這裡有罐頭。
居然還有巧克力。
你、你說什麼？
敵軍在打仗時竟然還吃得這麼奢侈。
就是說呀。
等一下。

你還是新兵，
不能吃得這麼好。
說什麼傻話。
嚼嚼
你說什麼？
* 啪啪啪啪啪
幹嘛？
丸山住手。
巧克力是我先找到的。新兵還敢這麼囂張，
當心我揍扁你。
金田這個混帳。
喂，有罐頭呢。

*撕扯
*啃
ガブッ
ベリッ
*大口
ガバッ
*啃
ガリッ
你的牙齒還真厲害。
*大口
ガバ
吃了這麼多罐頭，就算死了也甘願。
*哈哈哈哈哈哈
ははははは
混帳，有什麼好笑的。
*布穀、布穀
ポーク
ポーク

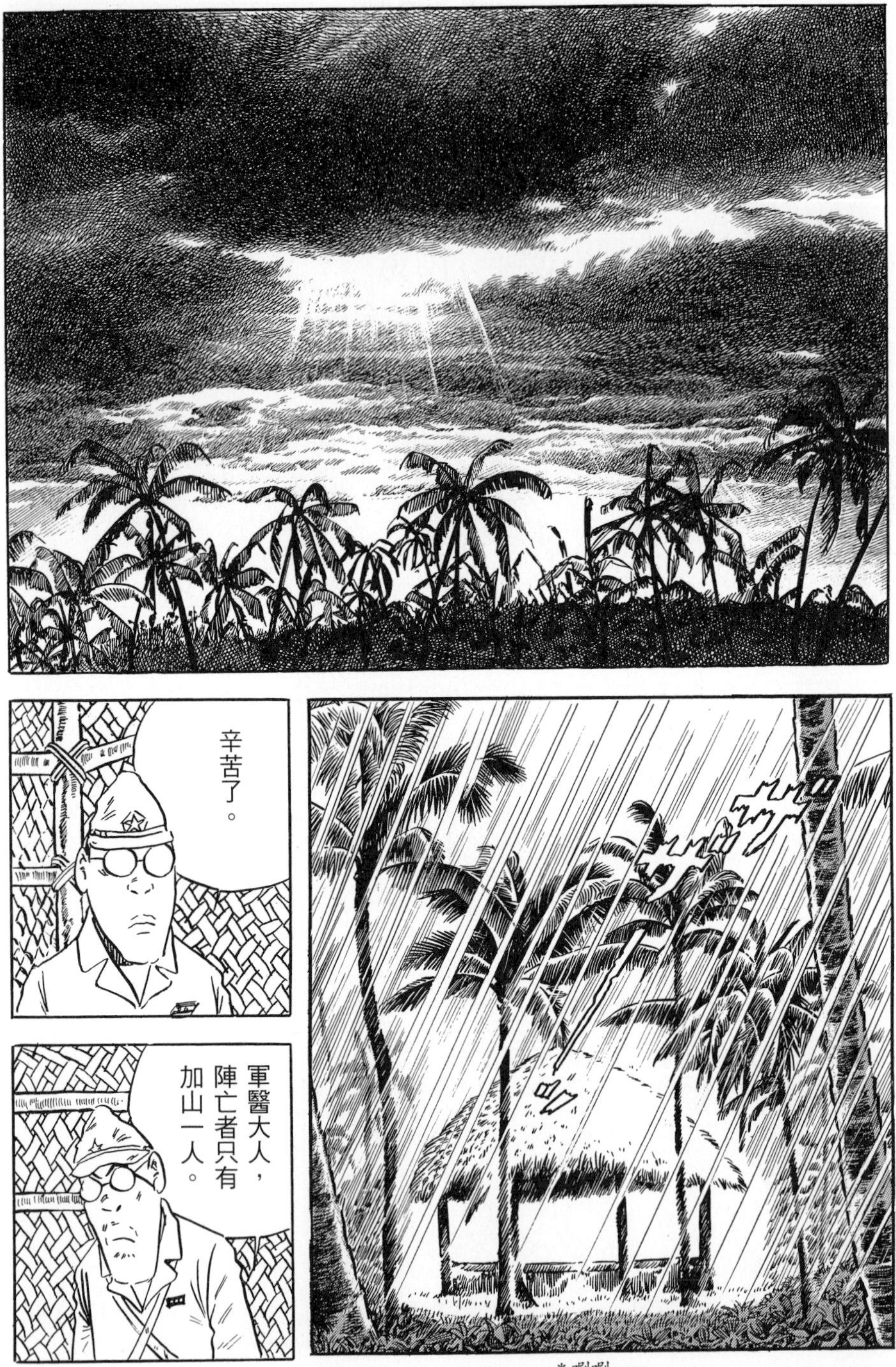
辛苦了。
軍醫大人，陣亡者只有加山一人。

＊唰唰——

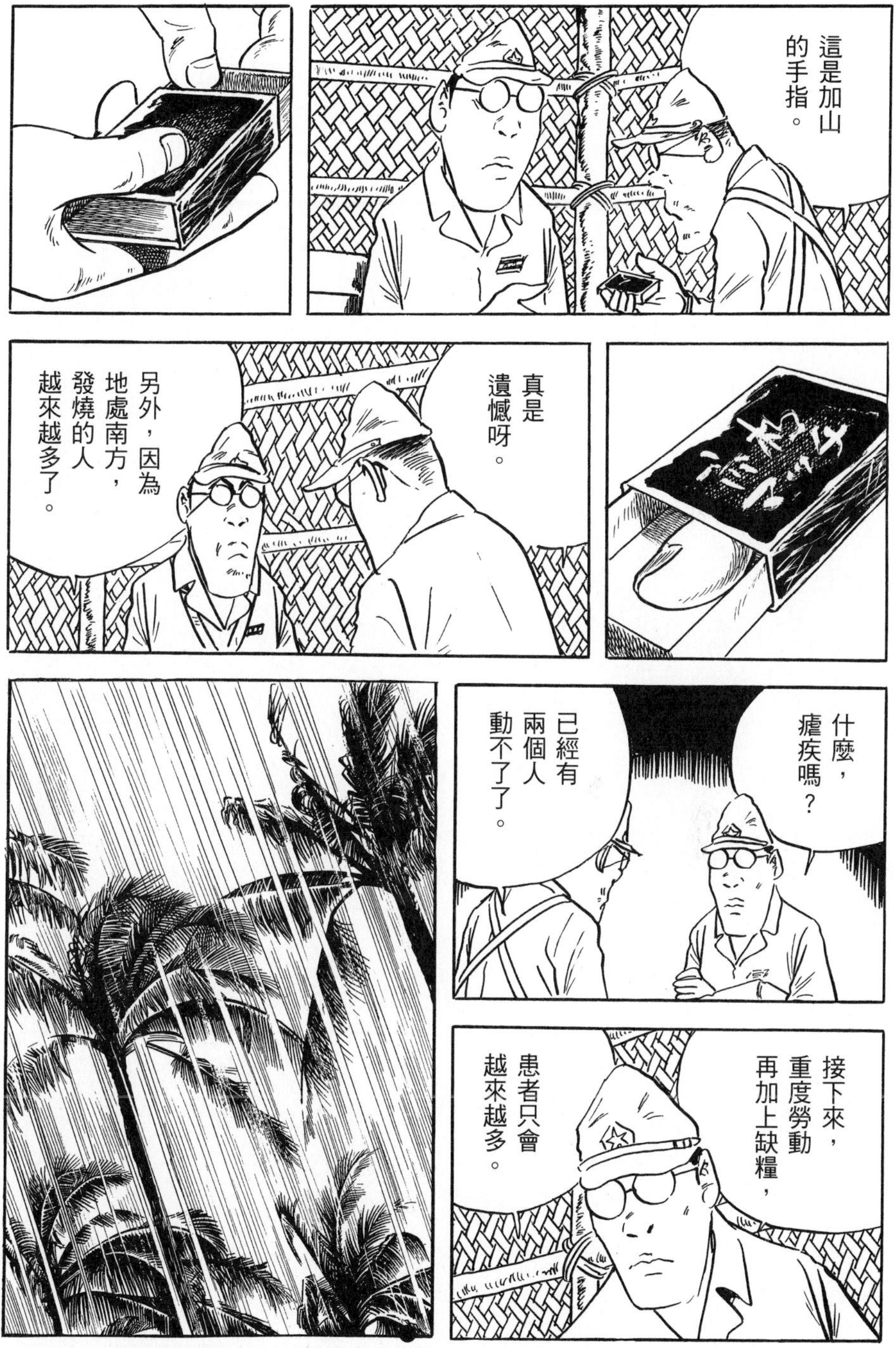
這是加山的手指。
真是遺憾呀。
另外，因為地處南方，發燒的人越來越多了。
什麼，瘧疾嗎？
已經有兩個人動不了了。
接下來，重度勞動再加上缺糧，患者只會越來越多。

新年

♬儘管春天令人欣喜　卻一個人孤孤單單　站著步哨

♬見到賞完花返家的　女學生

♬不小心　看得入迷　有失禮數

＊嘿啊、嘿啊

♬就被判了　三天的

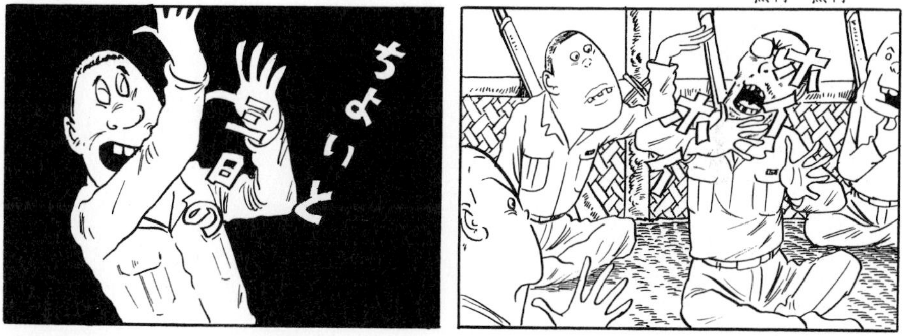

♬關禁閉　嘿依、嘿依

＊哈哈哈哈

＊大聲叫好

ひひひひひひ
＊嘻嘻嘻嘻嘻
ほっほっほっほ
＊呵呵呵呵
ぐい
＊戳
搞什麼，太得意忘形了喔。
老兵大人，抱歉，我笑得太過頭了。
開什麼玩笑。
你洗過班長大人的衣物嗎？
呃…
目前為止還沒有。
你看吧。
每個新兵可都幹過唷。
只剩你還沒洗過而已。
是。

請讓我也洗洗看。
此話當真？
你真的要做嗎？
是。
ポリポリ
＊塗抹
班長大人，請讓我幫您洗衣服。
喔。
カリカリ
＊搔抓
洗衣服！
真好。

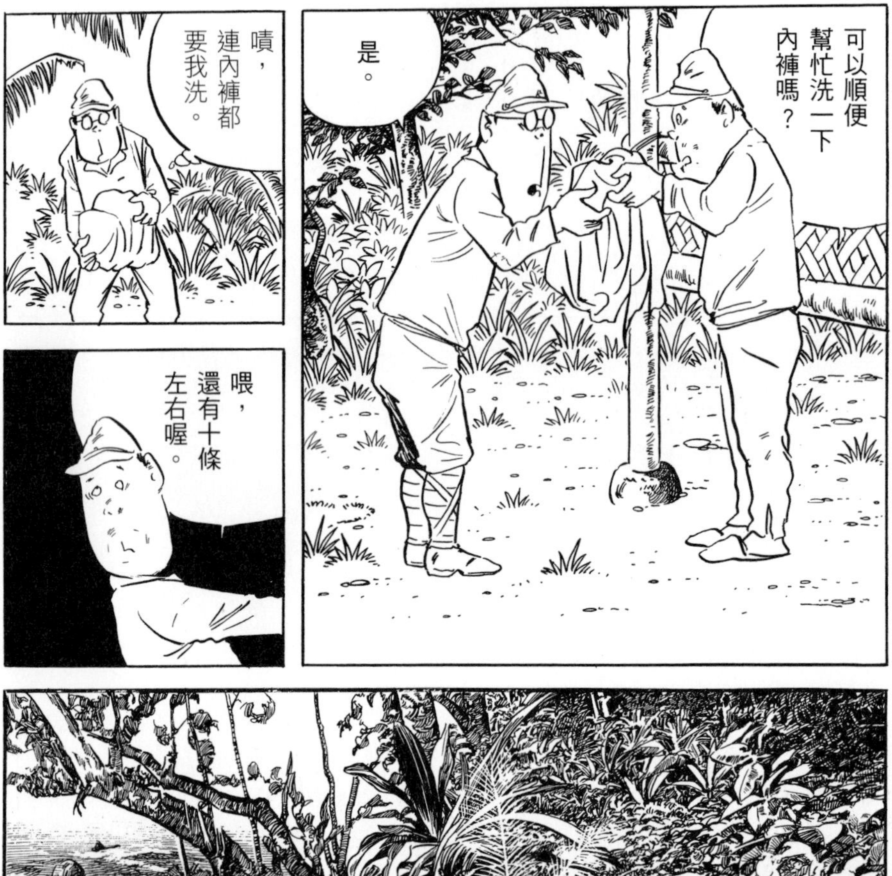
可以順便幫忙洗一下內褲嗎？
是。
嘖，連內褲都要我洗。
喂，還有十條左右喔。

*搓搓洗洗

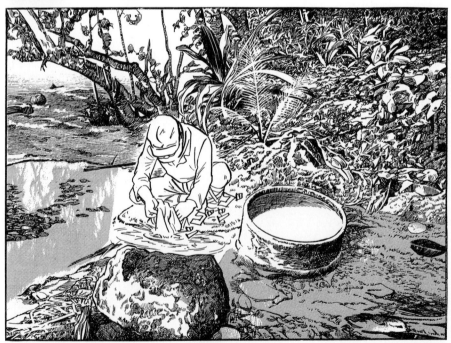

*搓搓洗洗
明明是難得的休假……
ゴシゴシ
嘖，居然還沾了大便。
*啪
ペチャッ
クオ クオ
クオ
*咕咕咕
什麼，原來是鸚鵡呀。
*呿——
下士以上全體集合！

喂，丸山。
是。
下士官以上要一起用餐。你就把班長大人的晚餐拿過去吧。
遵命。
為什麼大過年的還老叫我去跑腿。

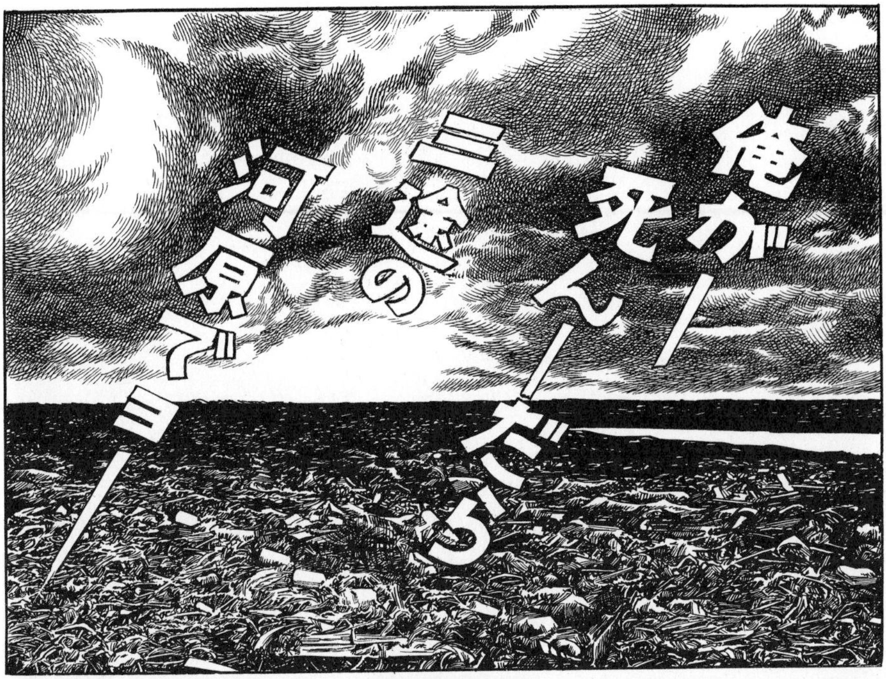
俺がー
死んーだら
三途の
河原でョー

♬我如果死了的話　要在三途川河畔

鬼を
あつめて
相撲とるョー

♬讓惡鬼齊聚一堂　大比相撲

♬要是在椰子樹蔭下　偷睡午覺的話／鱷魚就會跑出來　獻上一個吻

＊啪啪啪

♬數到一　想對人炫耀的　好雞雞

♬數到三　越看越讚嘆的　好雞雞

♬數到六　剝開來看才是　好雞雞

*啪啪啪

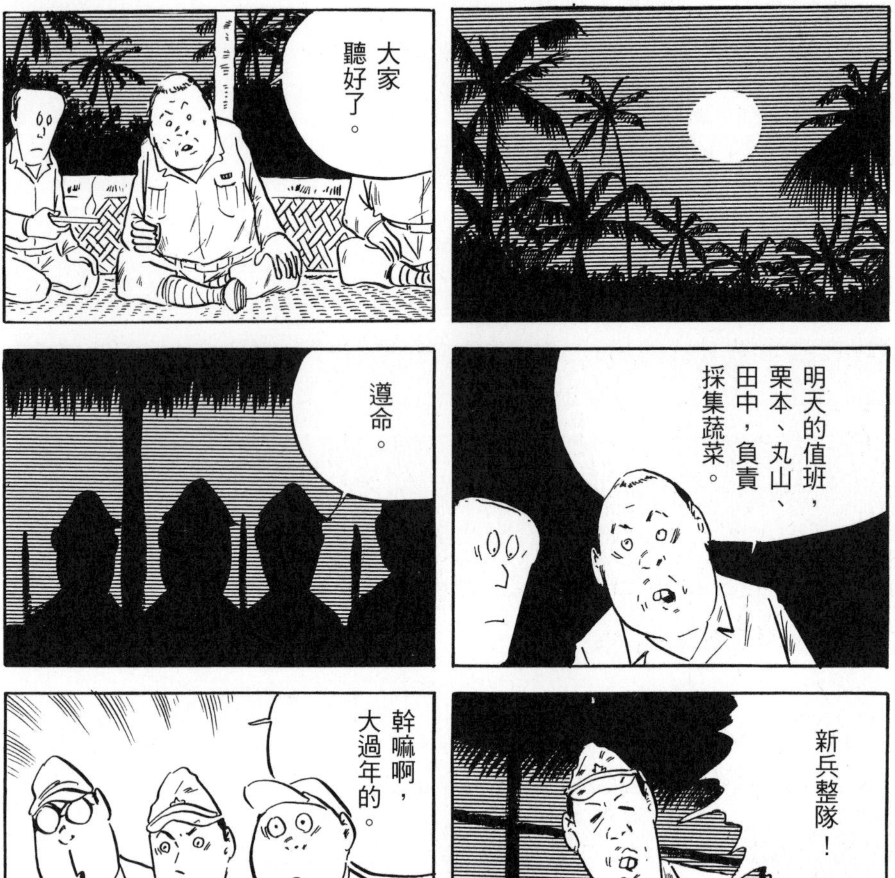
大家聽好了。
明天的值班，栗本、丸山、田中，負責採集蔬菜。
遵命。
新兵整隊！
幹嘛啊，大過年的。

* 啪啪啪啪啪

* 啪

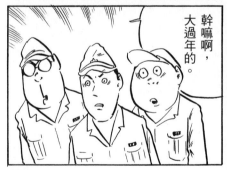

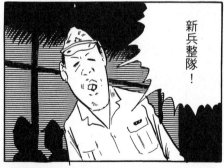

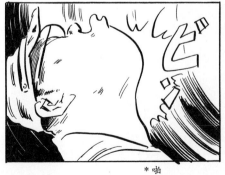

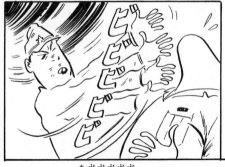

喂，那是什麼玩意兒？

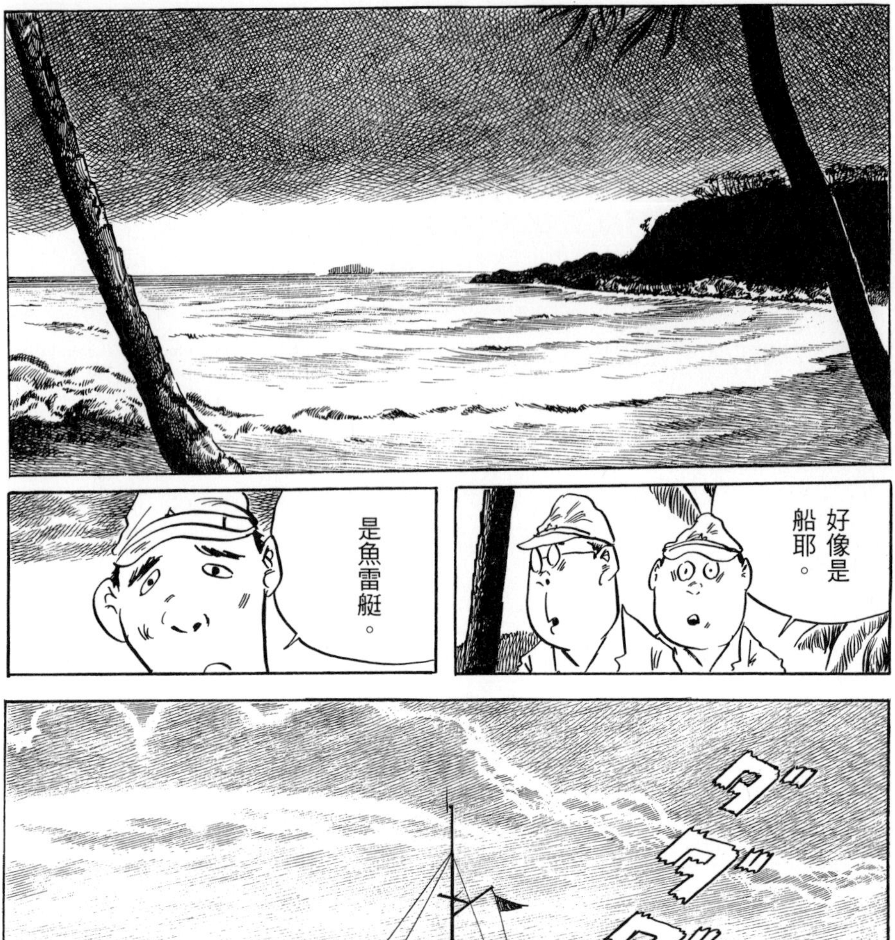

好像是船耶。
是魚雷艇。
ダダダダダダ

*噠噠噠噠噠噠

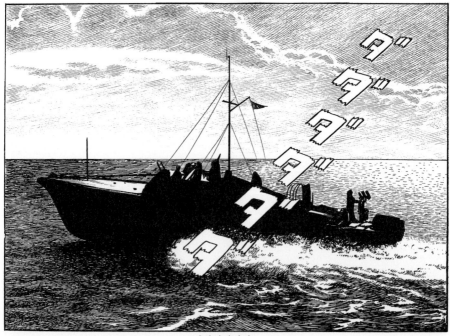

＊噠噠噠噠噠噠
ダダダダダダ
＊嗚——
ブーン
那是怎麼回事？
聽說敵軍會在夜裡悄悄跑來測量這裡的水深。
這樣的話，敵軍應該就快要登陸了。

喂，把那裡的木瓜也帶回去吧。
每天只吃兩片醃木瓜，實在撐不下去了。
木瓜樹根也能吃唷。
根？
沒錯，吃起來就像白蘿蔔和牛蒡混在一起。
那就連根一起帶回去吧。

＊轟隆——

＊震起
ふわっ
＊砰——
＊嗡——
＊嗡——
＊嗡——
＊嗡——

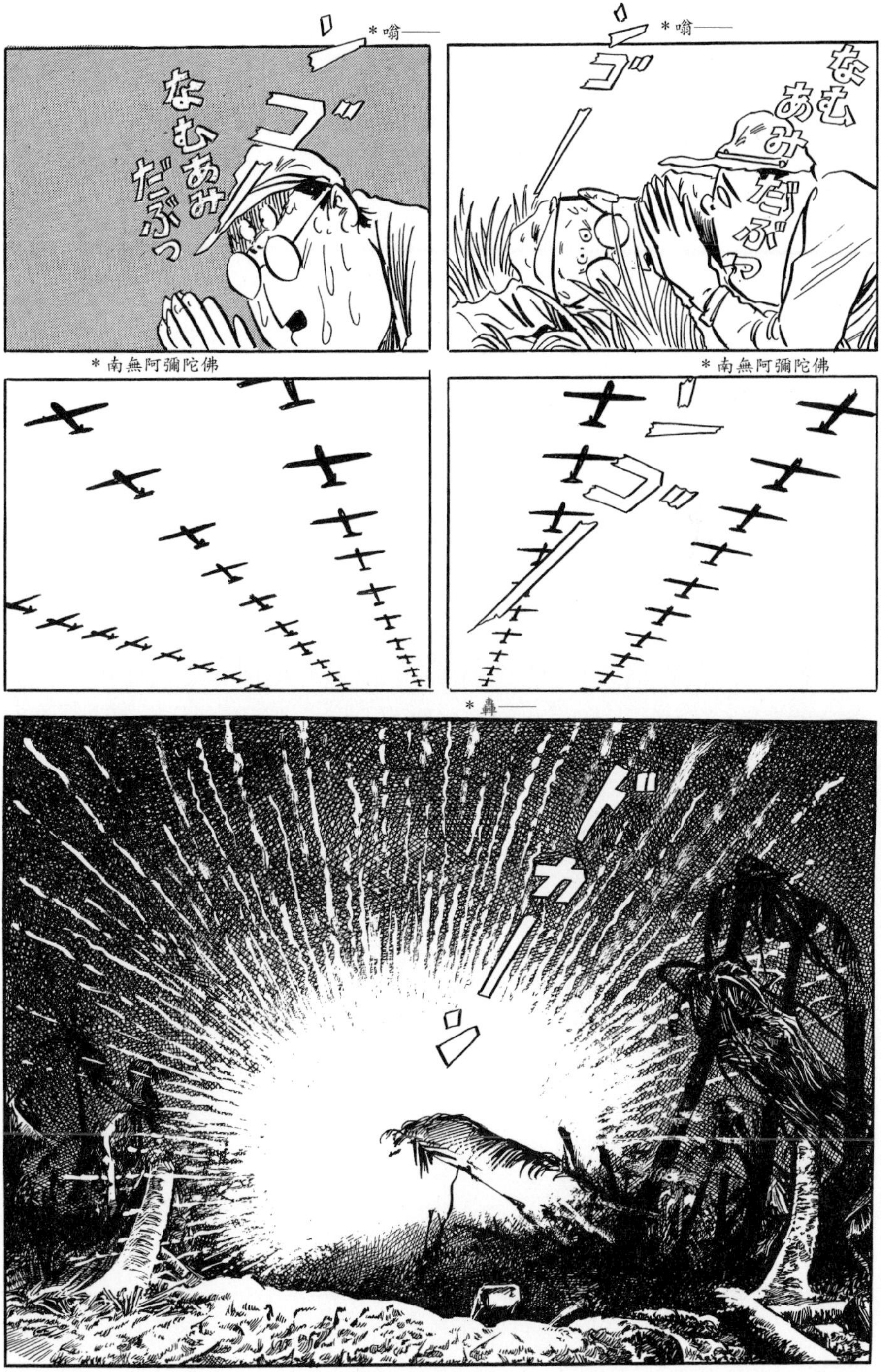
ゴーーー
＊嗡——
なむあみだぶや
＊南無阿彌陀佛
ゴーーー
＊嗡——
なむあみだぶっ
＊南無阿彌陀佛
ゴーーー
＊轟——
ドカーン
＊磅——

ゴオ
*轟——
はぁはぁ
*呼、呼
終於走掉了。
敵軍應該不久就會攻過來了吧。
真的……

真是的，根本沒人在嘛。
大家是怎麼了？
好像有上等兵被鱷魚吃掉了。
什麼，是野上上等兵嗎？
是那位上等兵。
真的嗎？
那我們以後就爽囉！
咿嘻嘻嘻嘻。
蠢蛋！

老兵死掉有什麼好開心的？
……
……
……
你們也一起去找吧。
ジャボ
＊撲通
ガポッ
＊嘩啦
已經第三天了耶。

上等兵大人應該已經被鱷魚的胃袋給消化，變成糞便了。
我也這麼覺得。
野上生前很盡責。如果沒找到屍體，他死也不會瞑目的。
但一支小隊找了三天都沒找到，應該已經屍骨無存了……
小隊長大人，這就太過分了。
就算只剩一隻腳、一隻手，也非找到不可。
否則野上是不會瞑目的。

那修築陣地的任務要怎麼辦呢？
修築陣地是修築陣地，人情是人情。
…………
我無論如何都要找到野上的屍骨。
嗯……真是傷腦筋。
但不管過了多少天，野上上等兵的屍體仍然不見蹤影。

小隊長大人，就連這麼上游都找不到，應該沒望了。
本田軍曹也太堅持了。
他拿搜索屍體當藉口，但其實……
是在玩吧。
哈哈哈哈。

已經過了一週了。
考慮到還要修築陣地，
我們也實在休息太久了。
水本少尉，今天要不要來打麻將？
啊，憲兵分隊長。
剛好三缺一呢。
是，非常樂意奉陪。
那正好，立刻去憲兵隊本部吧。

作夢也沒想到，居然能在最前線打麻將。
你是在等紅中吧？
啊。
就算想裝傻也沒用。

拿去。
不想放棄這局的話，就非碰不可吧？
再這麼拖拖拉拉下去，當心連命都會丟掉。
!?
居然讓士兵們玩上一週。
士兵可不是你的私有物。
不過是死了一個上等兵，就讓四十名士兵找了整整一週，實在太誇張了。

找屍體遊戲
可以到此
為止了吧？
是。
這次就
先放你
一馬。
是。
原來
我已經
被人盯上
了啊……

敵軍登陸

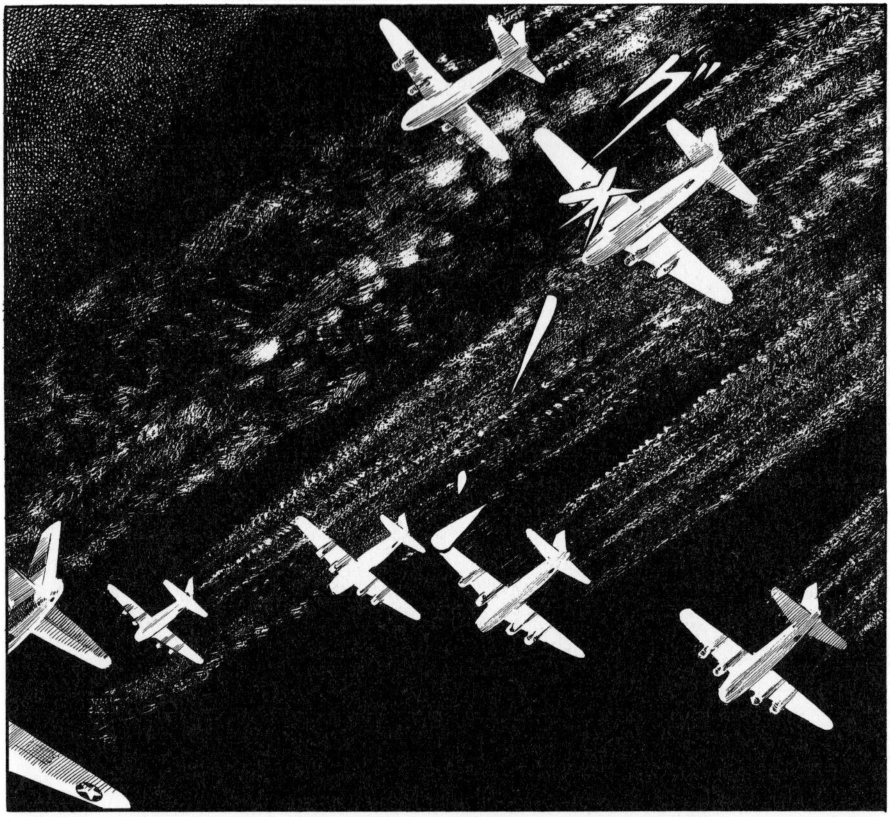

＊嗡——

＊咻——

＊咚咚咚咚咚

＊咚咚咚咚咚

他們將山上的陣地全化為一座禿山。

軍官速至中隊本部集合。
根據剛送來的情報，
敵軍的運輸艦隊似乎正朝本地而來。
與大隊長商量之後，
決定全軍進入戰鬥位置。

瓦藍戈耶河口，交由第一小隊駐守。
遵命。
山區陣地交由第二小隊和第三小隊。
瓦藍戈耶河
拜恩角
拜恩
此處是高地
聖喬治角

*碰

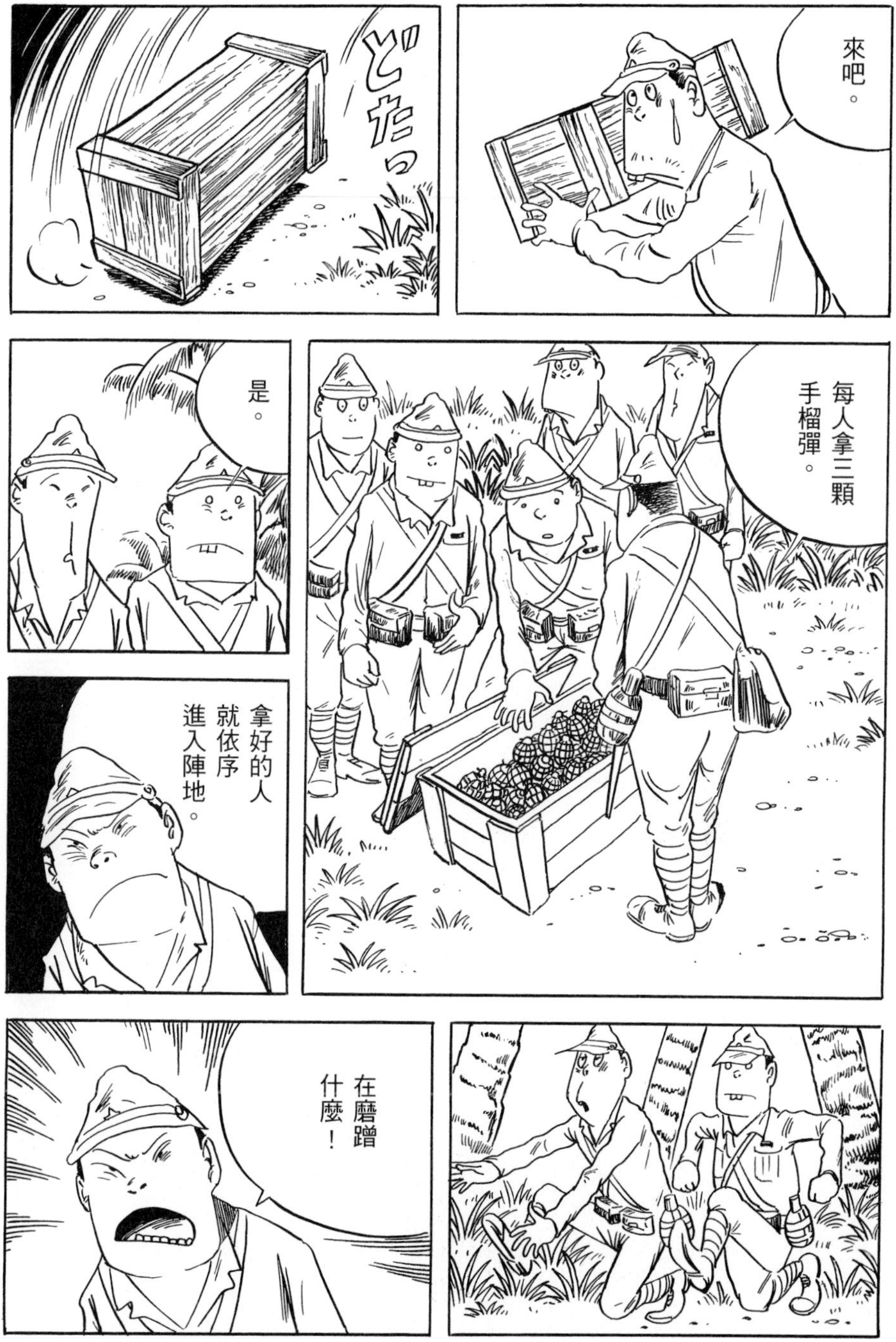
どたっ
來吧。
每人拿三顆手榴彈。
是。
拿好的人就依序進入陣地。
在磨蹭什麼！

我要小便。
趕快去。
我要大便。
蠢蛋！趕快進山洞！

根本沒攻過來嘛。
來了！

＊咚咚咚

*磅
*咚咚咚咚
擊中了。
*萬歲——

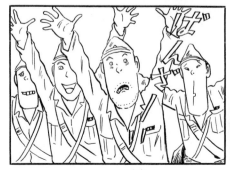

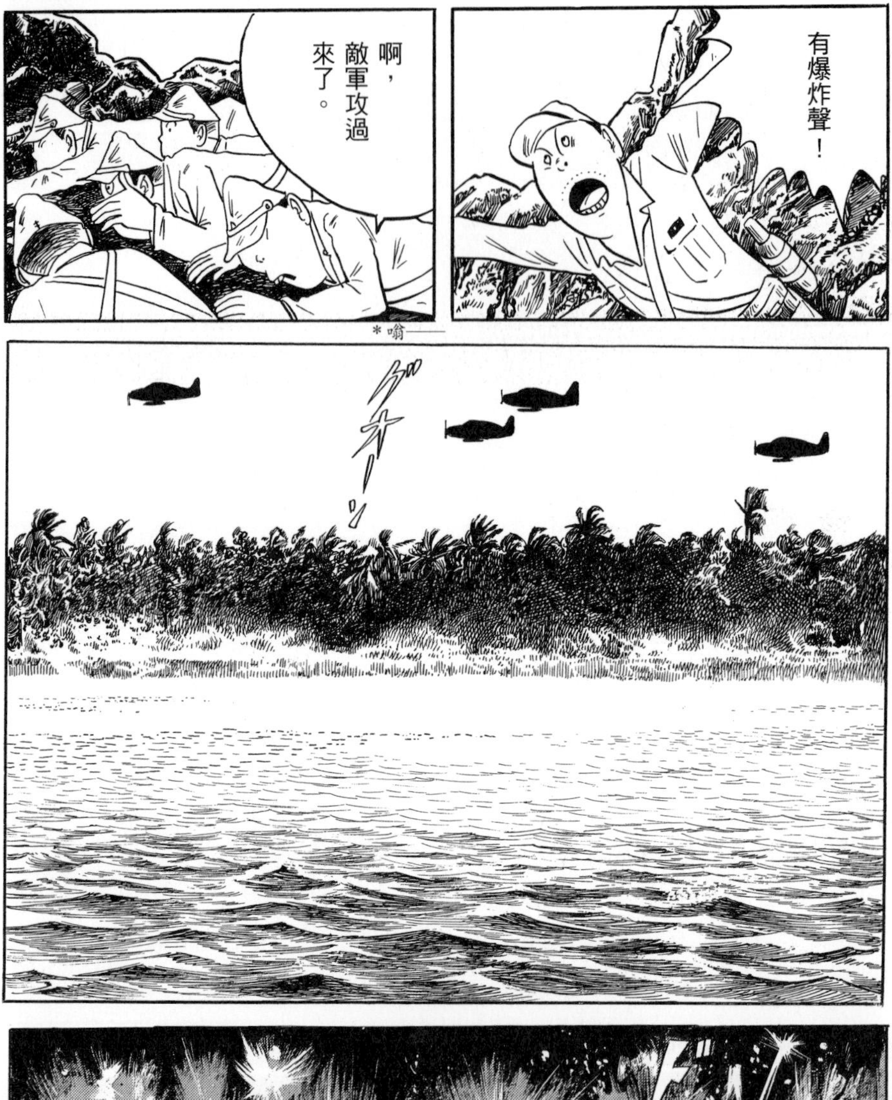

＊嗡——

＊咚咚咚咚

＊砰——

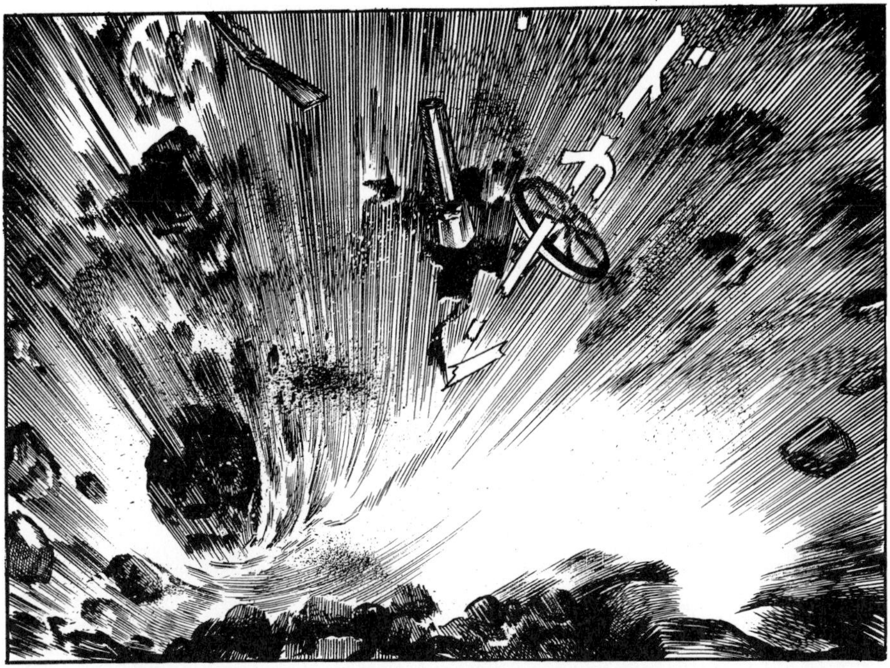
ドカー

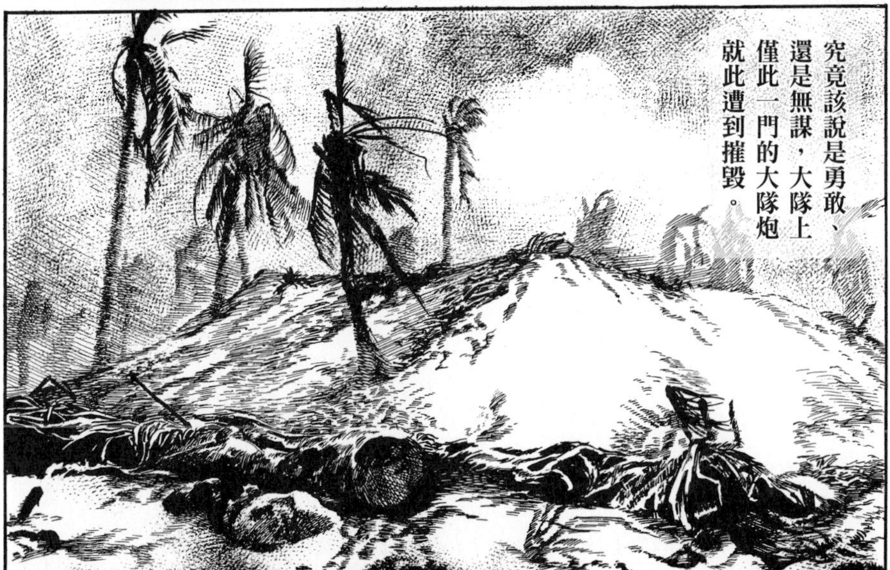
究竟該說是勇敢、
還是無謀，大隊上
僅此一門的大隊炮
就此遭到摧毀。

*砰磅、砰——

*劈哩啪啦

*噠噠、噠噠

*劈哩啪啦劈啪

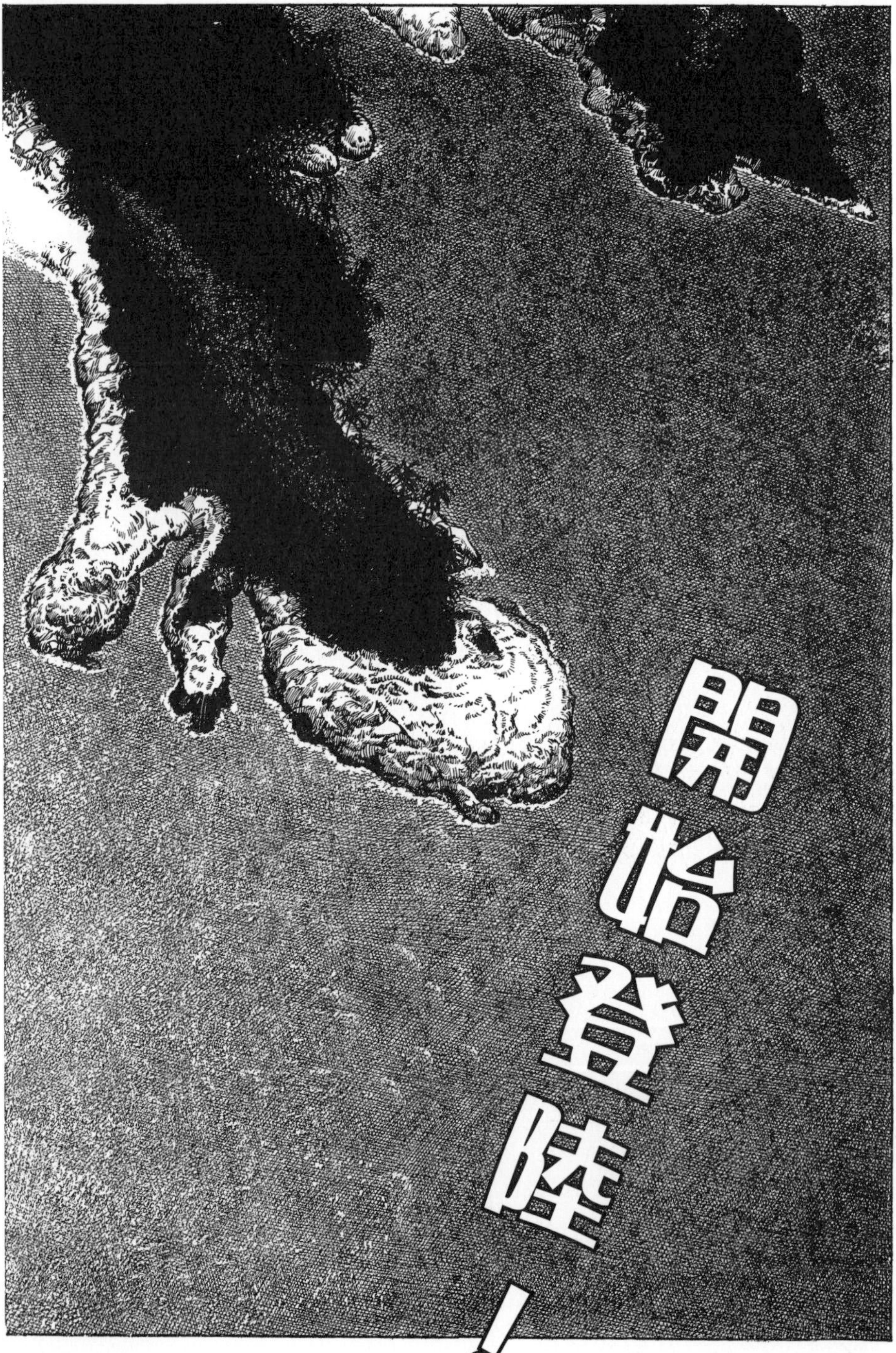
開始登陸！

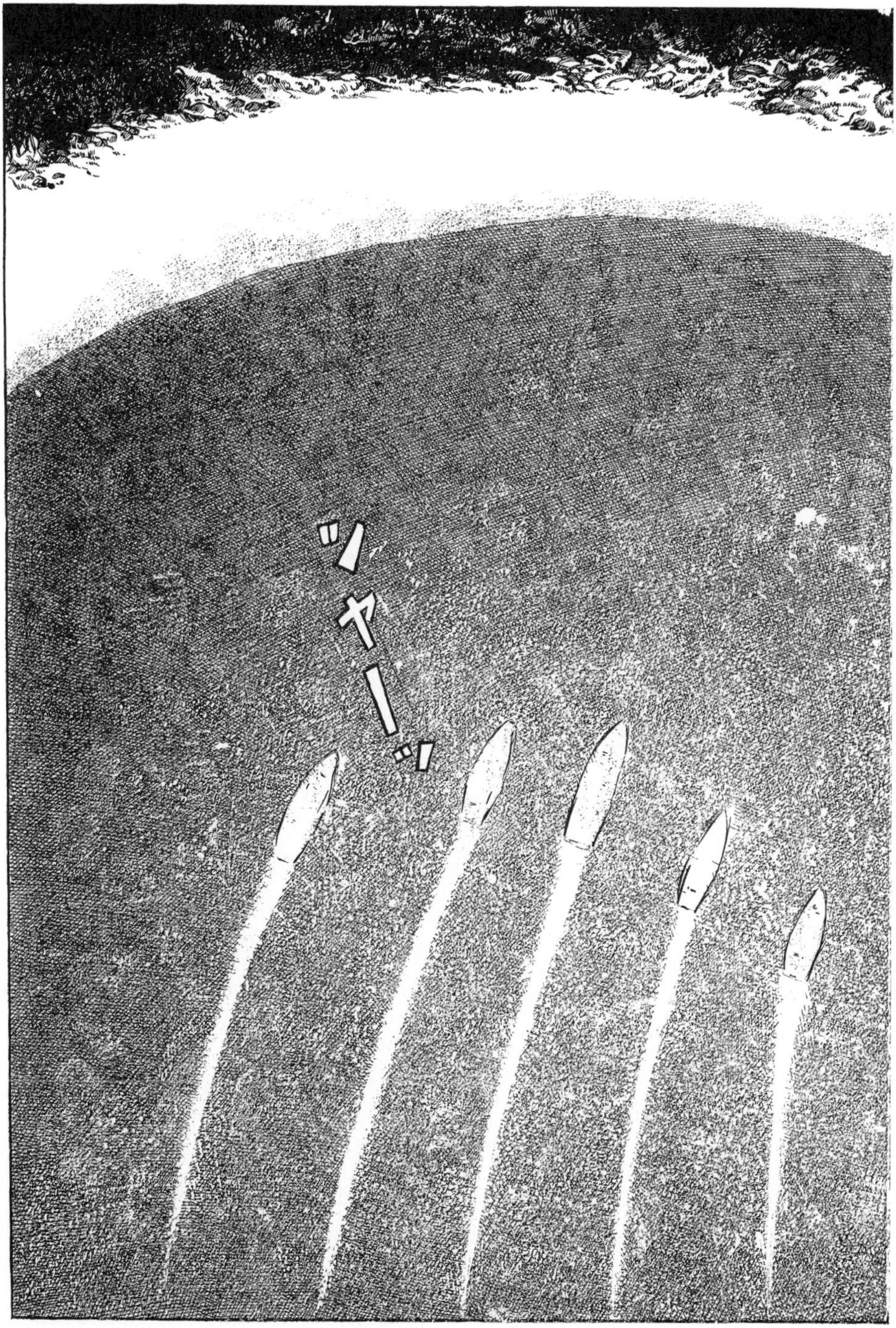

＊隆——

＊咚咚咚咚

＊噠噠——

＊咚咚咚咚咚咚咚

PA22-6

*砰磅

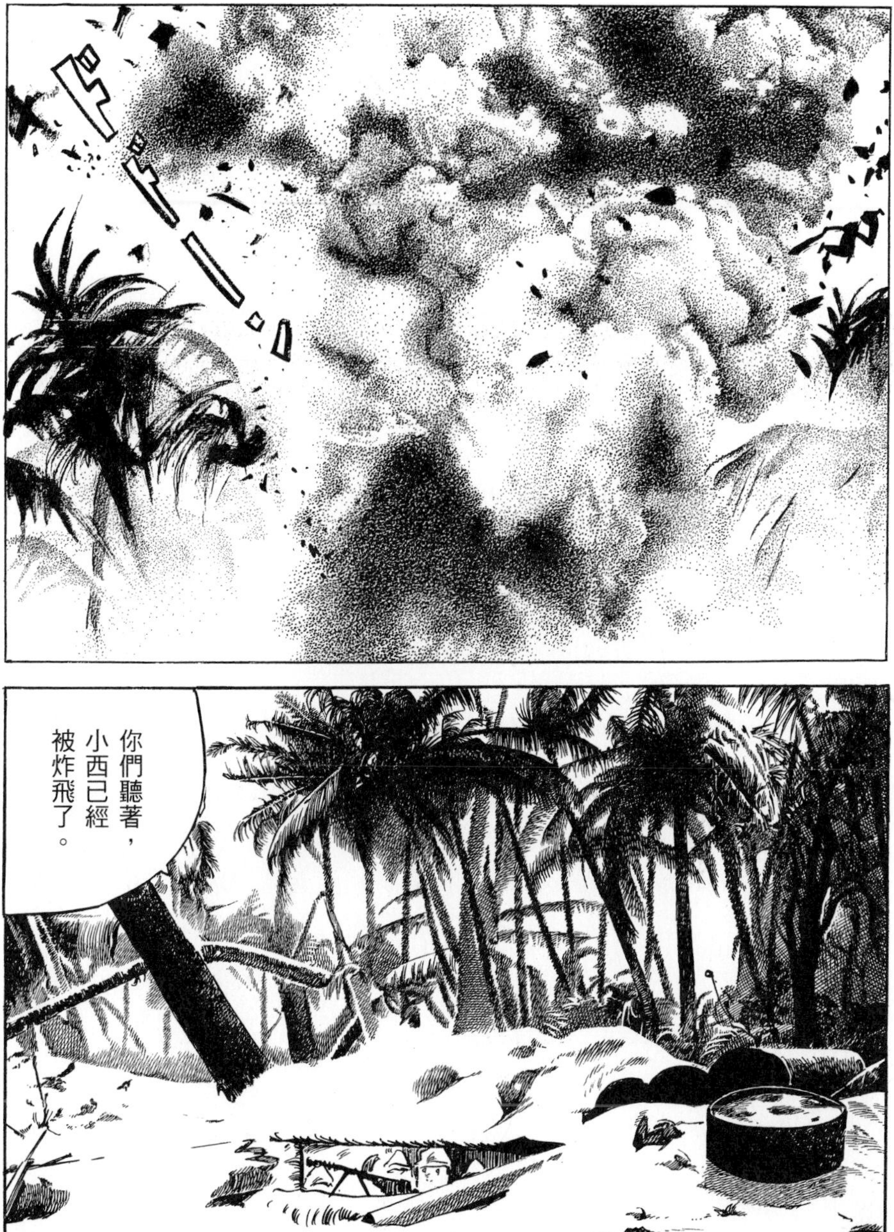
你們聽著，
小西已經
被炸飛了。

分隊長大人，小西當時在幹嘛？
他在小便。
＊咚咚咚咚
＊嘎嘎嘎
是艦砲嗎？
不。
瓦藍戈耶河口裝有大砲呢。

*隆隆

＊上岸

＊嘎啦嘎啦嘎啦

＊嘎啦嘎啦嘎啦

＊砰——

敢死隊

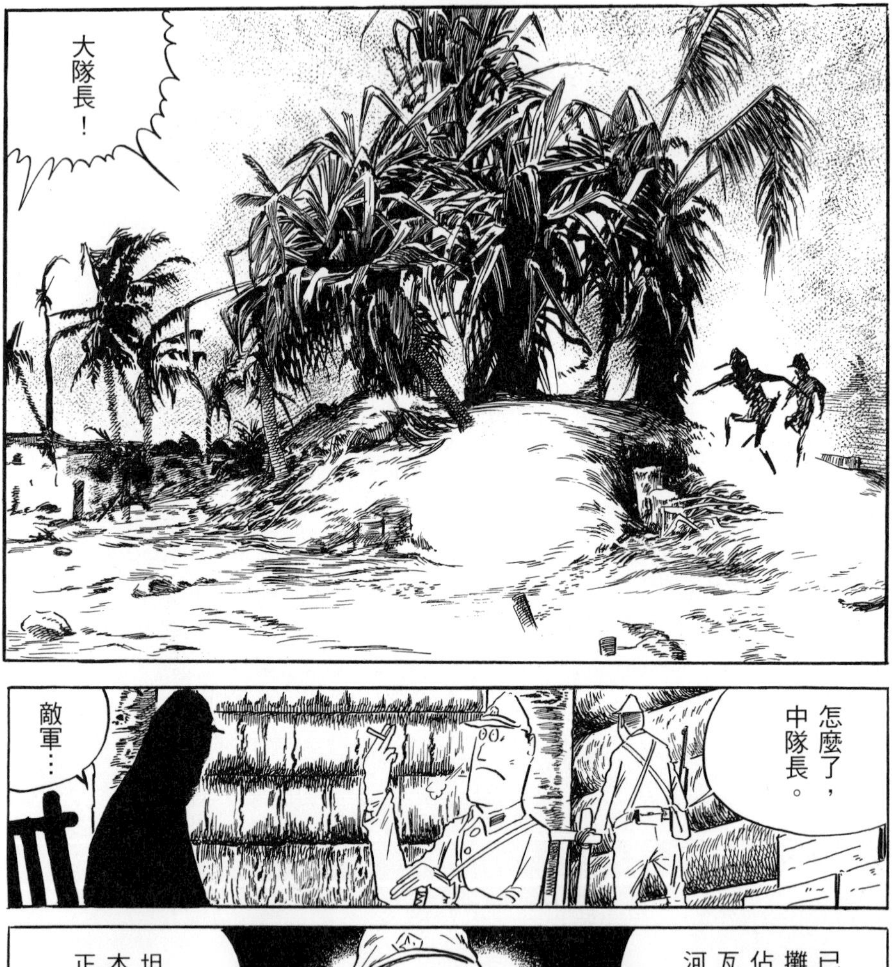

大隊長！
怎麼了，中隊長。
敵軍……
已擴大灘頭堡，佔領了瓦藍戈耶河口。
坦克朝著本中隊正面而來。

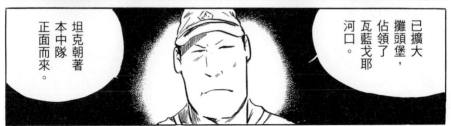

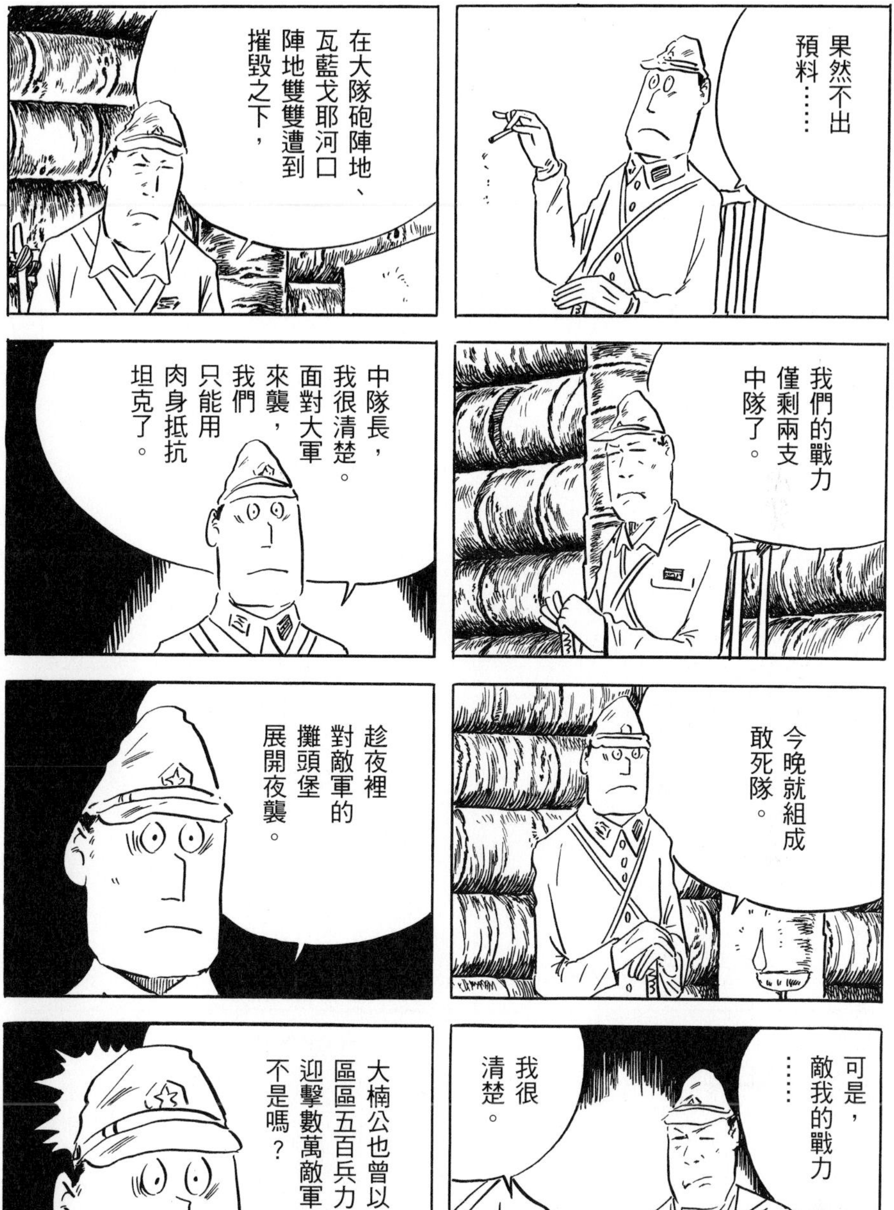
果然不出預料……
在大隊砲陣地、瓦藍戈耶河口陣地雙雙遭到摧毀之下，
我們的戰力僅剩兩支中隊了。
中隊長，我很清楚。面對大軍來襲，我們只能用肉身抵抗坦克了。
今晚就組成敢死隊。
趁夜裡對敵軍的攤頭堡展開夜襲。
可是，敵我的戰力……
我很清楚。
大楠公也曾以區區五百兵力迎擊數萬敵軍，不是嗎？

若與大楠公相比，這根本算不了什麼。
只要拚死奮戰，必定撐得了數日。
數日？
若是於此處暫且撤退，
轉往下一個高地打游擊的話，至少能撐上一、兩年。
什麼？撤退？
說什麼蠢話！
大隊長，傳令。
什麼？我軍的重機槍陣地被攻陷了？
＊悉悉窣窣

哼，副官。
在。
針對坦克的部分，組成肉攻班加以應戰。
至於敵軍的攤頭堡，
是。
從各分隊挑出兩、三人組成敢死隊，
立刻展開夜襲。
現在只剩這條路可走了。

喂！要分配最後的軍糧了。
各分隊派兩人來領取。
新兵去吧。
少拖拖拉拉了。
是。
入伍早就超過一年了，到現在還是新兵、新兵地叫……對吧，赤崎？
就是說呀。
蠢到我幹不下去啦。

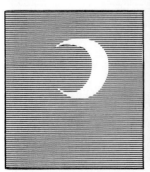

大家都到了嗎？
是。
怎麼了？居然在吃香蕉。
把青香蕉放進彈坑之後，
嗯。
隔天就會變黃了唷。
是嗎？
我們分隊就是這麼做的。
我們也來試試看吧。
喂！安靜一點！
被敵軍發現的話怎麼辦？
是。

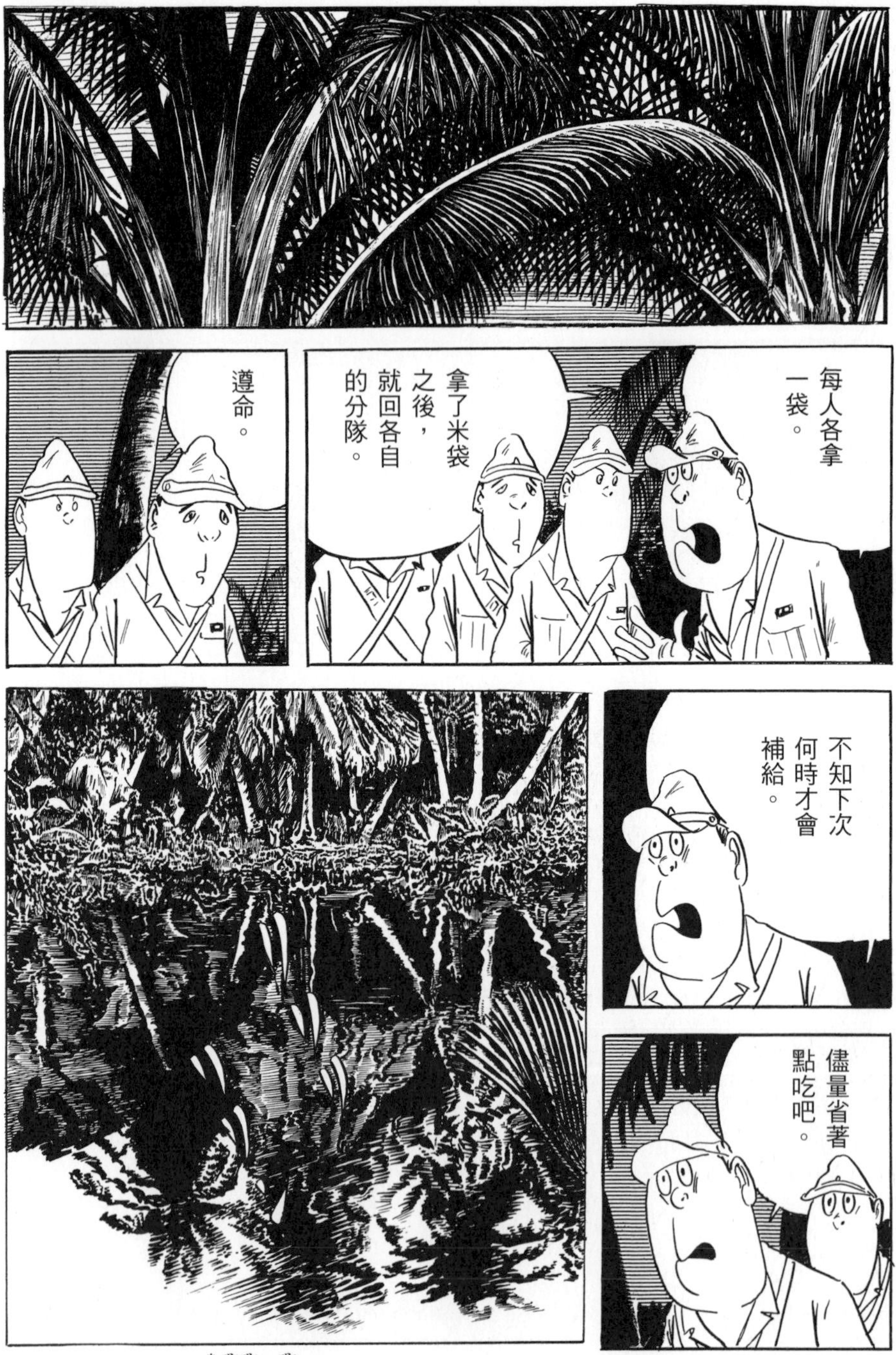
每人各拿一袋。
拿了米袋之後，就回各自的分隊。
遵命。
不知下次何時才會補給。
儘量省著點吃吧。

＊唧唧、唧——

實在太安靜了。
看來敵軍只有一支連隊而已。
是喔？
不行了。
休息一下吧。

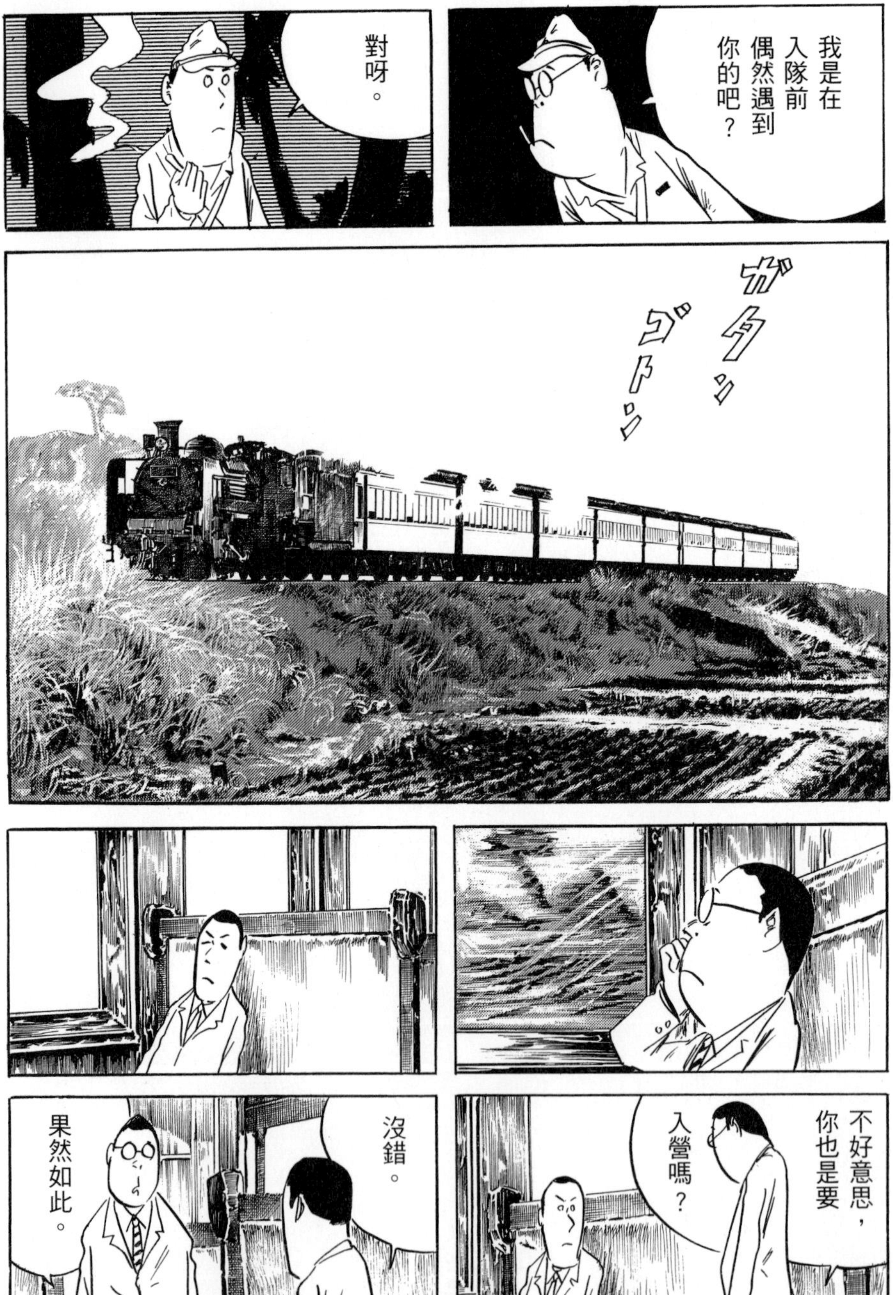
我是在入隊前偶然遇到你的吧？
對呀。
ガタンゴトン
不好意思，你也是要入營嗎？
沒錯。
果然如此。

*喀噠、叩咚

那就一起去吧。
從那時認識到現在啊……
你已經不是處男了，倒還好點。
才不呢，我雖然和站前餐館的女人上過床。
但我在進去之前就射了。
根本就沒有真正進去過。
是這樣啊。
那還真是遺憾吶。
萬一我死了，而你還活著的話，
就請幫我轉交吧。
你準備得還真周到。
那我也這麼做吧。

在科可波的時候，也曾經寫過遺書……
但當時隨便亂寫了一通。
寫什麼都好，快寫吧。
不然金田又要發飆囉。
嗯。
那這就拜託你了。
啊。
好大一串香蕉。
＊啪
埋起來吧。
要埋在哪裡？

*咚
どさっ
就埋在那個彈坑吧。
上面找些葉子蓋住。
不然會被其他分隊的人吃掉。
你呀，只要一扯到香蕉，就很帶勁。
因為光是一根香蕉的熱量，就夠人幹活一整天了。

不管怎麼說，香蕉的力量可是很偉大的。
おーい
怎麼了？
什麼怎麼了。
搬個軍糧居然拖這麼久。
大家都出去當肉攻敢死隊了。
敢死隊！
明天就輪到你們了。

＊喂——

大本營一角陷落

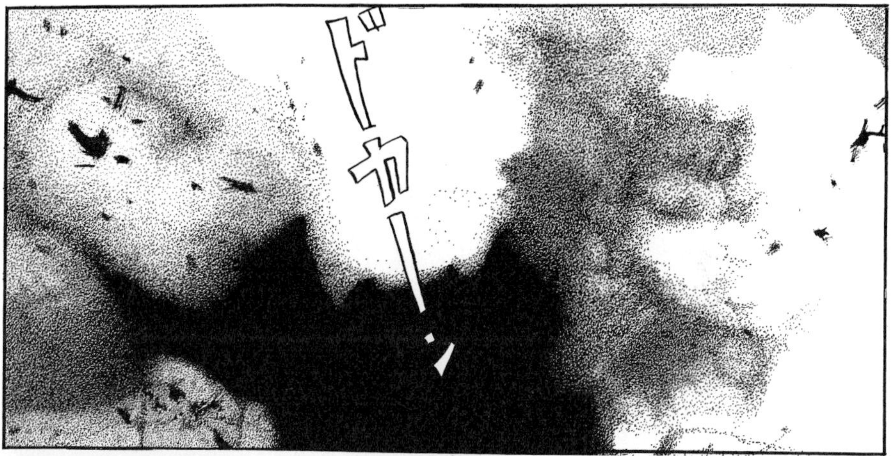

＊磅——

＊劈哩啪啦劈啪

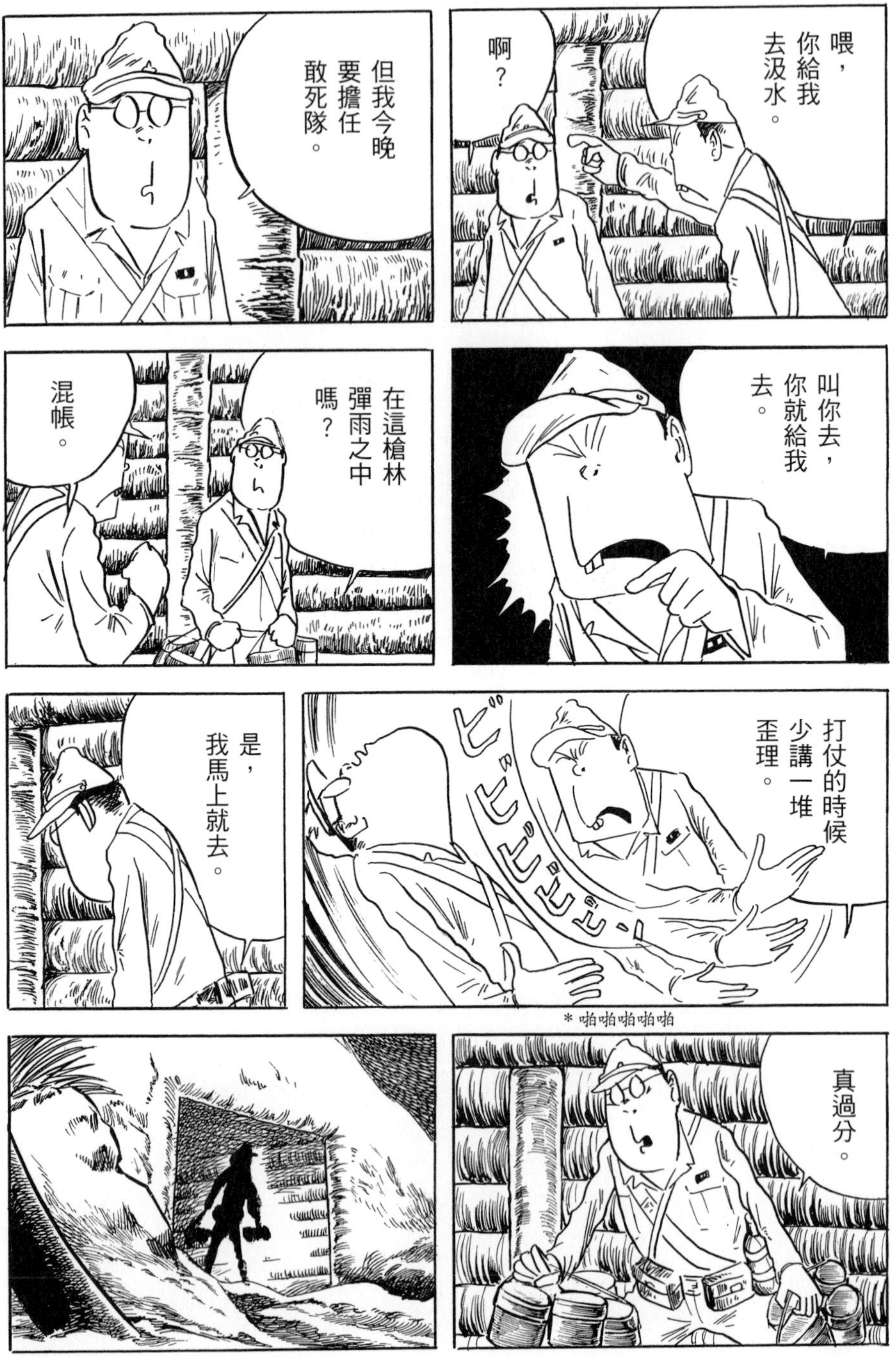
喂，你給我去汲水。
啊？
但我今晚要擔任敢死隊。
叫你去，你就給我去。
在這槍林彈雨之中嗎？
混帳。
打仗的時候少講一堆歪理。
ビビビビビ
* 啪啪啪啪啪
是，我馬上就去。
真過分。

＊喀啦喀啦喀啦

＊嗡——

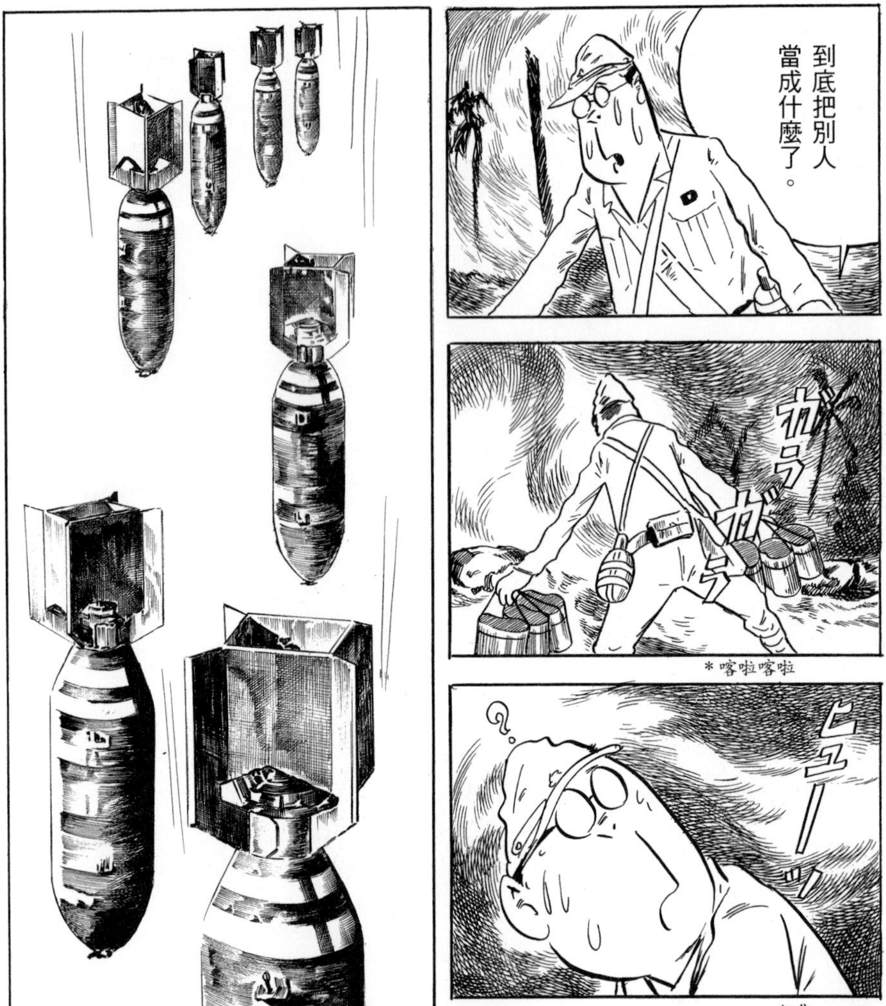
到底把別人當成什麼了。
ガラガラ
＊喀啦喀啦
?
ヒューーッ
＊咻——
啊
拜飯盒聲之賜，不管爆炸聲或其他聲響全沒聽見，真是一大敗筆。

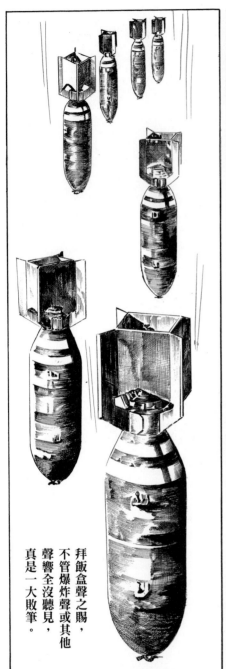

＊磅——

＊噠噠噠噠

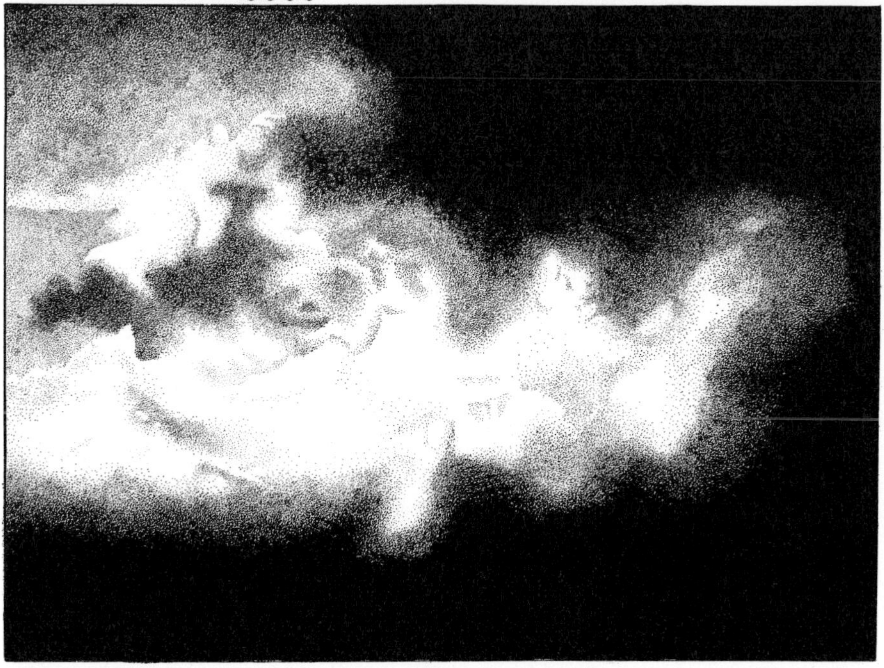

好慘吶。
三浦在敢死隊中對敵軍造成極大損傷，
因此獲頒「殊勳甲」※。
喔？
丸山那傢伙還真慢。
他把大家的飯盒都帶走了，這下連飯都不能煮。
ドドドド
ダダダダ
？
？
？
真奇怪。

※殊勳甲……日本軍中的功績評價形式，依貢獻分為甲、乙、丙等。

＊砰砰砰砰　＊噠噠噠噠

ダダダダダ
*噠噠噠噠噠
喂，外頭的狀況好像不太對。
出去瞧瞧吧。
啊！
敵軍來襲！

*喀鏘

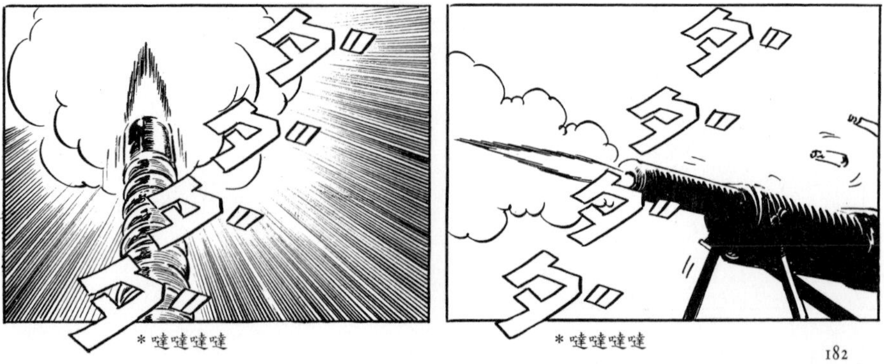

*噠噠噠噠　*噠噠噠噠

*砰
ズドン
在來我們這邊之前，隔壁分隊應該會先有動靜才對吧。
不會是撤退了吧？
說什麼傻話。
不可能沒下令就擅自撤退吧。
ダダダダ
ダダダダ
*噠噠噠噠
*噠噠噠噠
難道我們被包圍了？
別說這麼不吉利的話。
ダダダダ

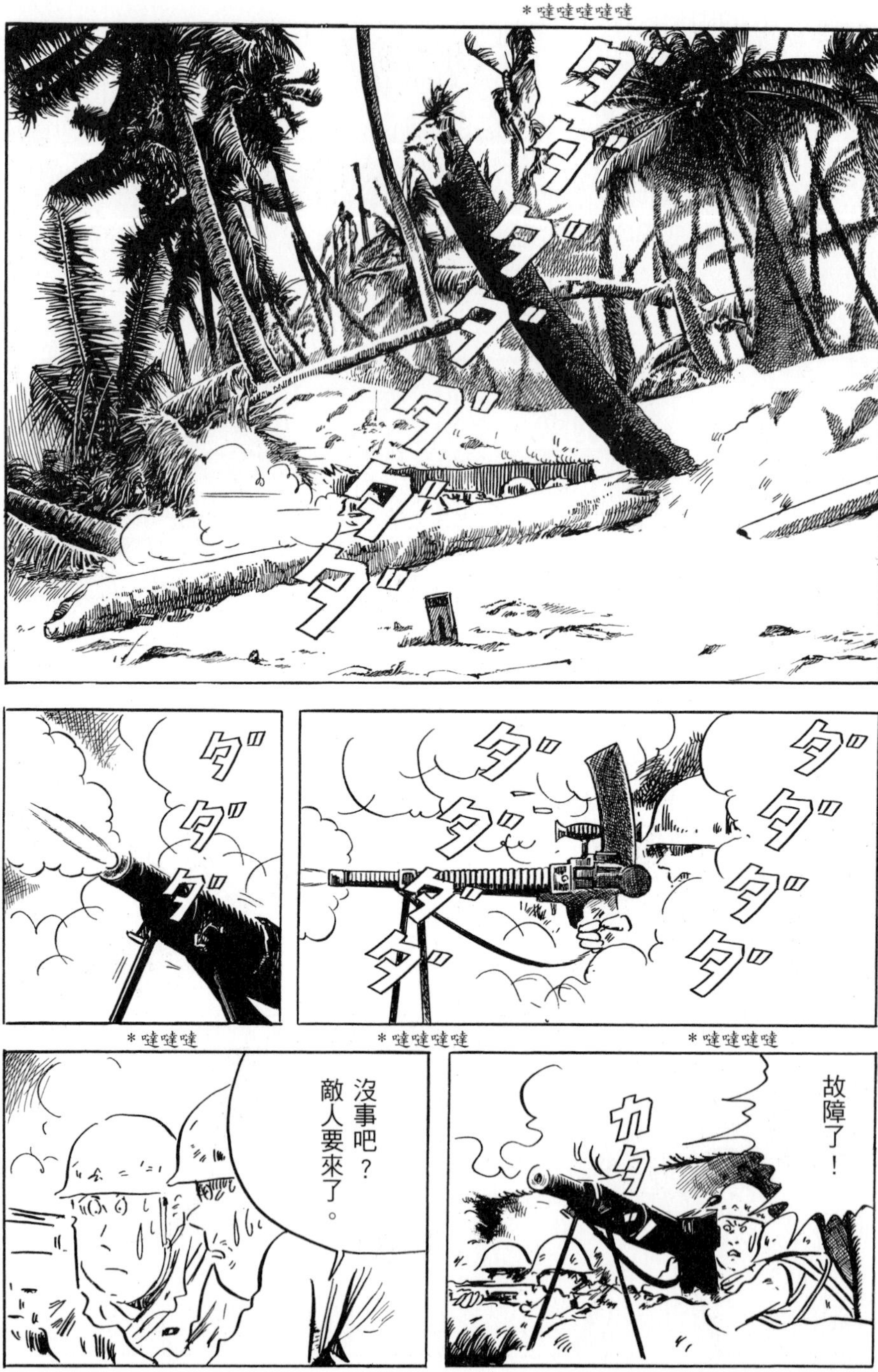

ダダダダダダダ
*噠噠噠噠噠
ダダダダ
*噠噠噠噠
ダダダダ
*噠噠噠噠
ダダダ
*噠噠噠
故障了！
カタ
*喀鏘
沒事吧？敵人要來了。

＊砰砰砰砰

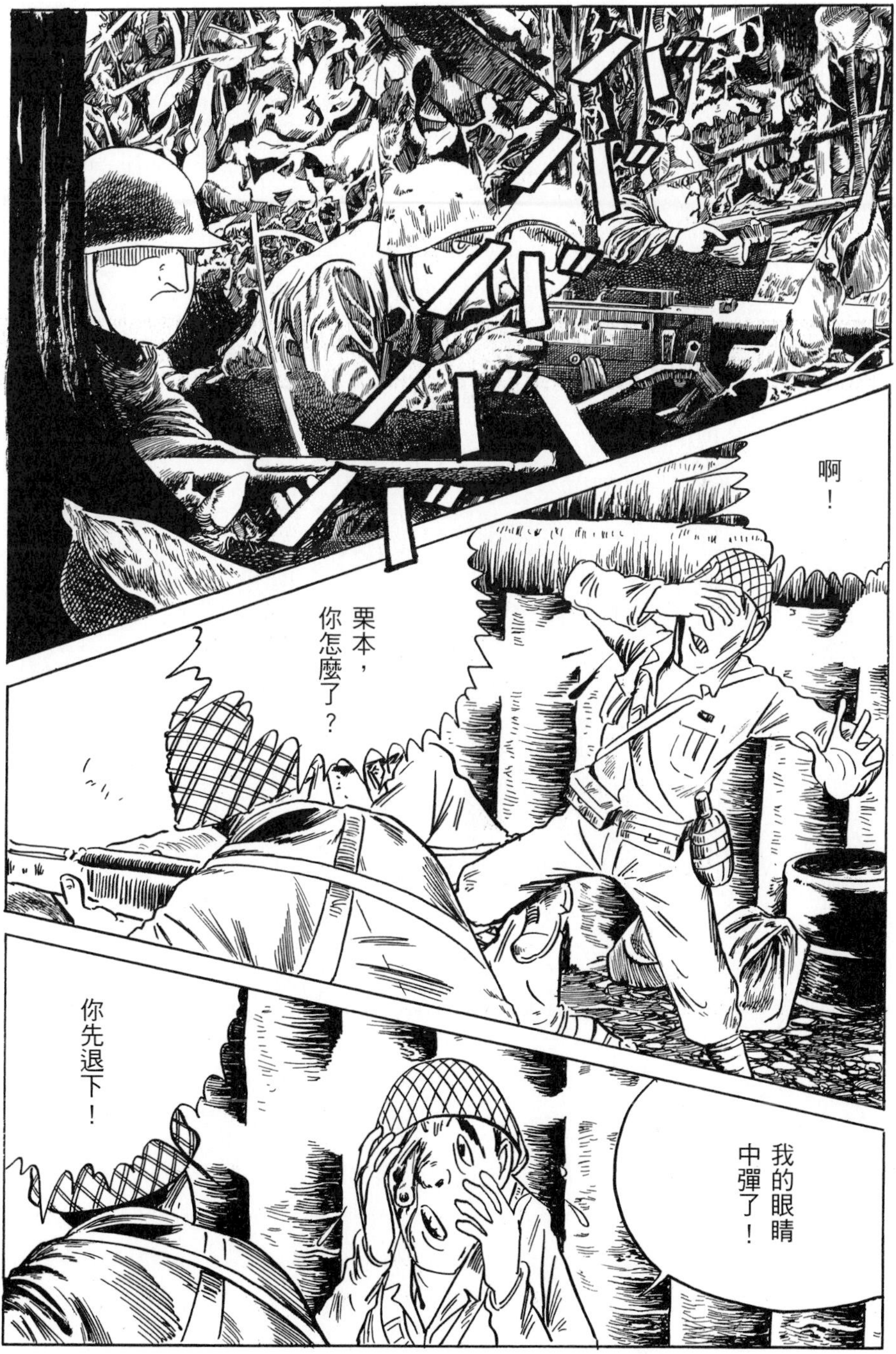

＊磅——　＊咚

＊呼——　＊喀鏘喀鏘

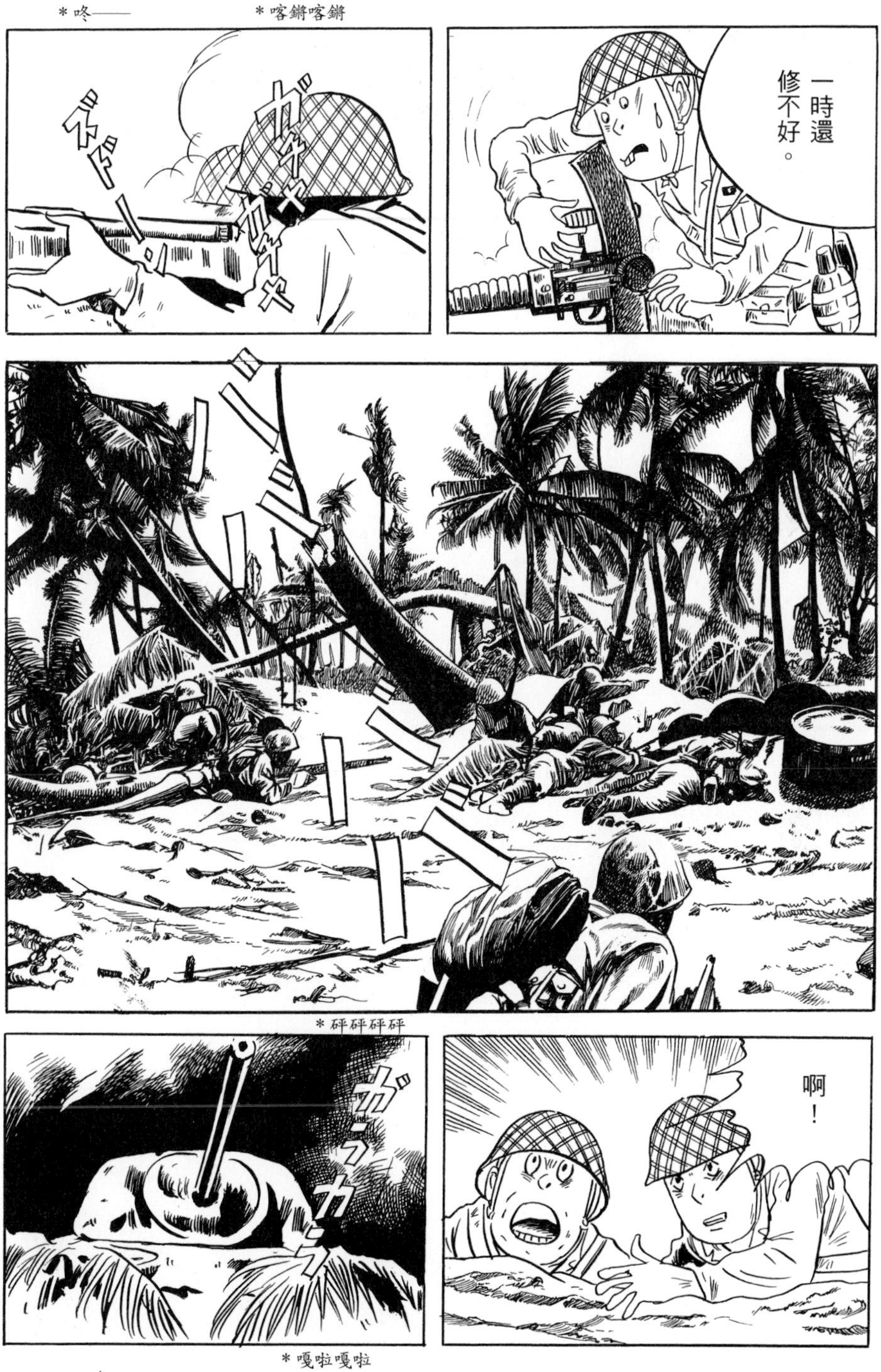
一時還修不好。
*咚——
*喀鏘喀鏘
*砰砰砰砰
啊！
*嘎啦嘎啦

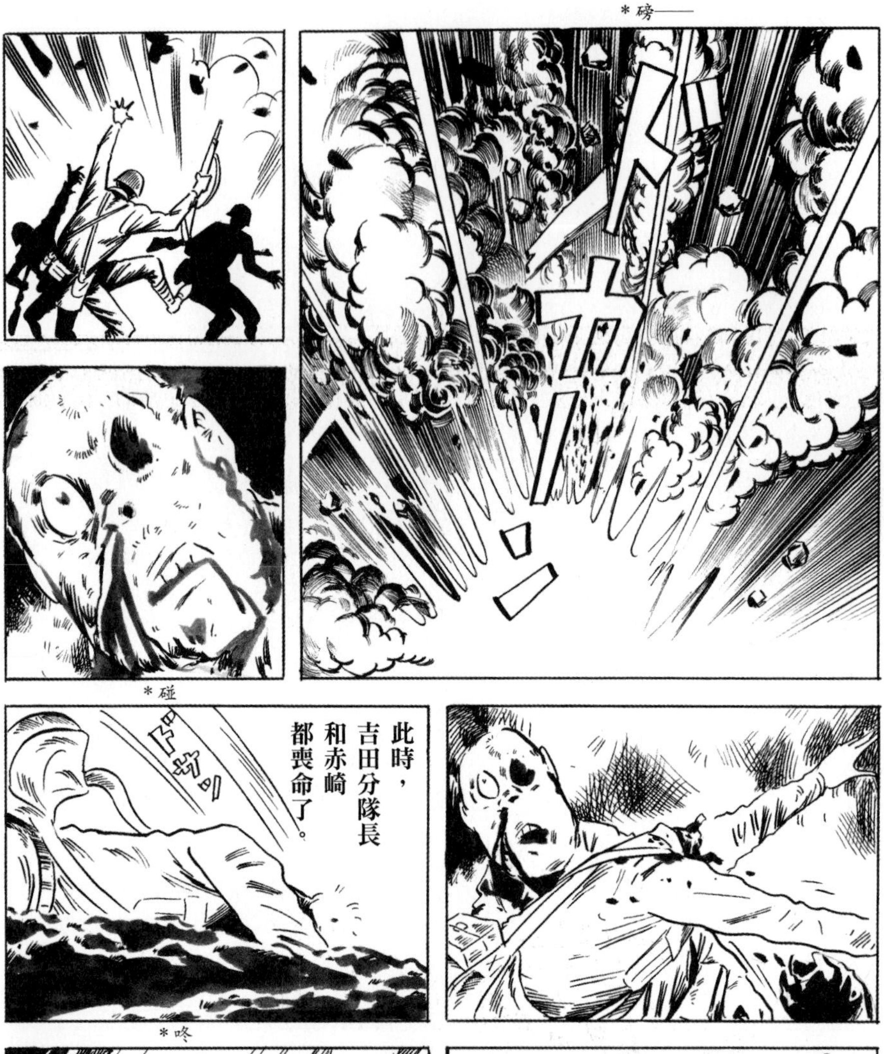

*磅——
*碰
此時，吉田分隊長和赤崎都喪命了。
*咚
*抽搐

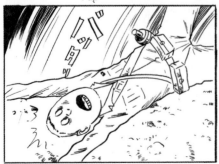

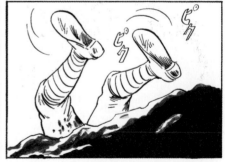

混帳！
儘管還有兩、三人倖存，
*砰——
但他們無法擅自逃離陣地，
只好戰到最後一刻，第一分隊八人因此全體陣亡。
*砰咚
*磅——
唯一倖存的栗本，遇上了在爆炸中失去意識的丸山。
你在搞什麼鬼，敵軍都攻來了。
啊啊啊。

我被炸過之後不僅頭很痛，連耳朵都怪怪的。
那我們兩個一起撤退吧。
請等我一下。
香蕉應該就藏在這附近才對。
你還真是個貪吃鬼。

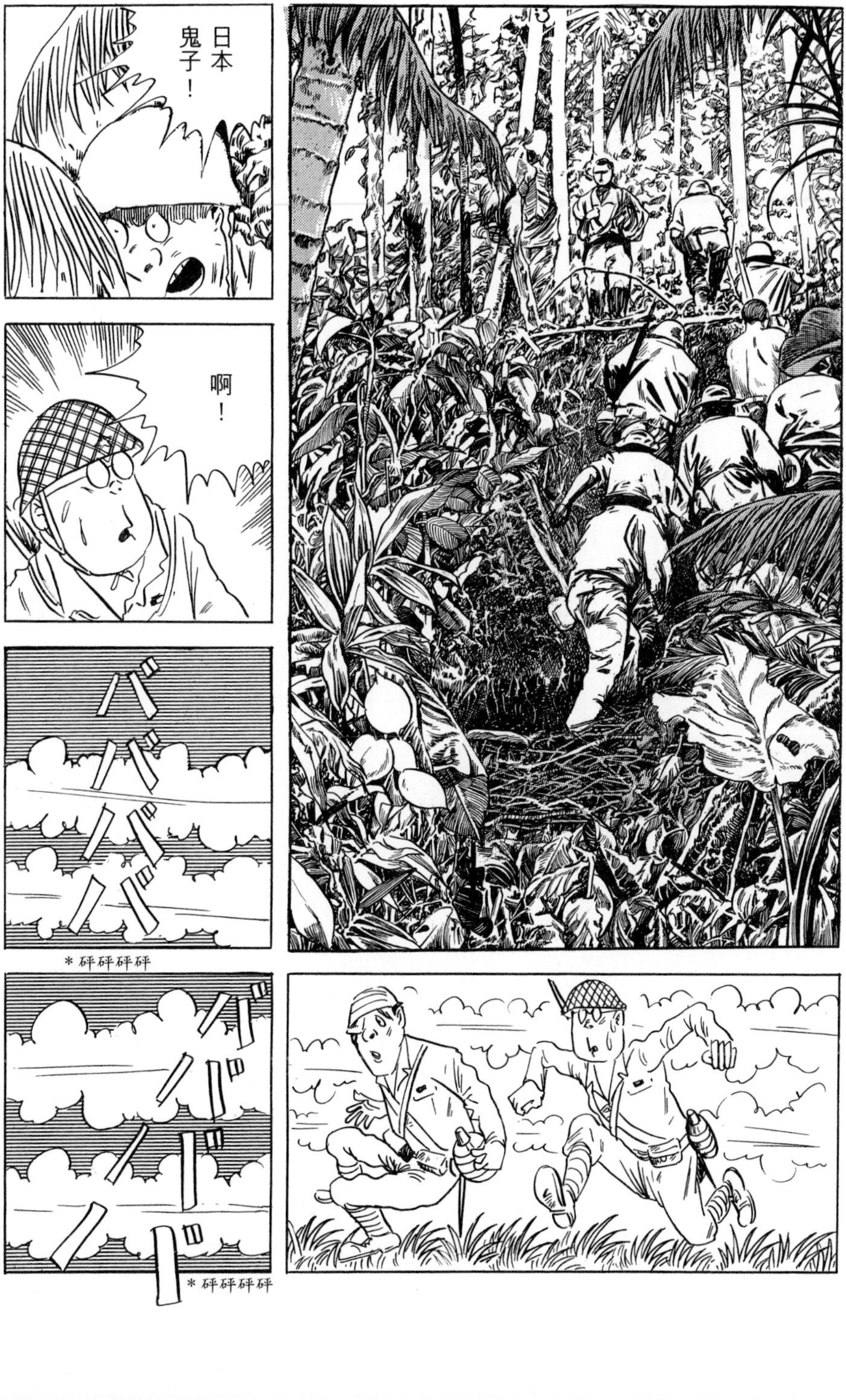
日本鬼子！
啊！
バババババ
＊砰砰砰砰
ダダダダダ
＊砰砰砰砰

*呼哈、呼哈

*呼哈

＊噠噠噠噠噠

＊砰砰砰砰砰

你們為什麼撤退了？
啊，本田軍曹。
吉田分隊已經全滅了。
隔壁陣地已經落入敵軍手中了嗎？
救護班在那邊，快去。
喂，救護班在這裡。
啊，衛生兵大人。
原來是你。
我被炸得有點暈頭轉向。

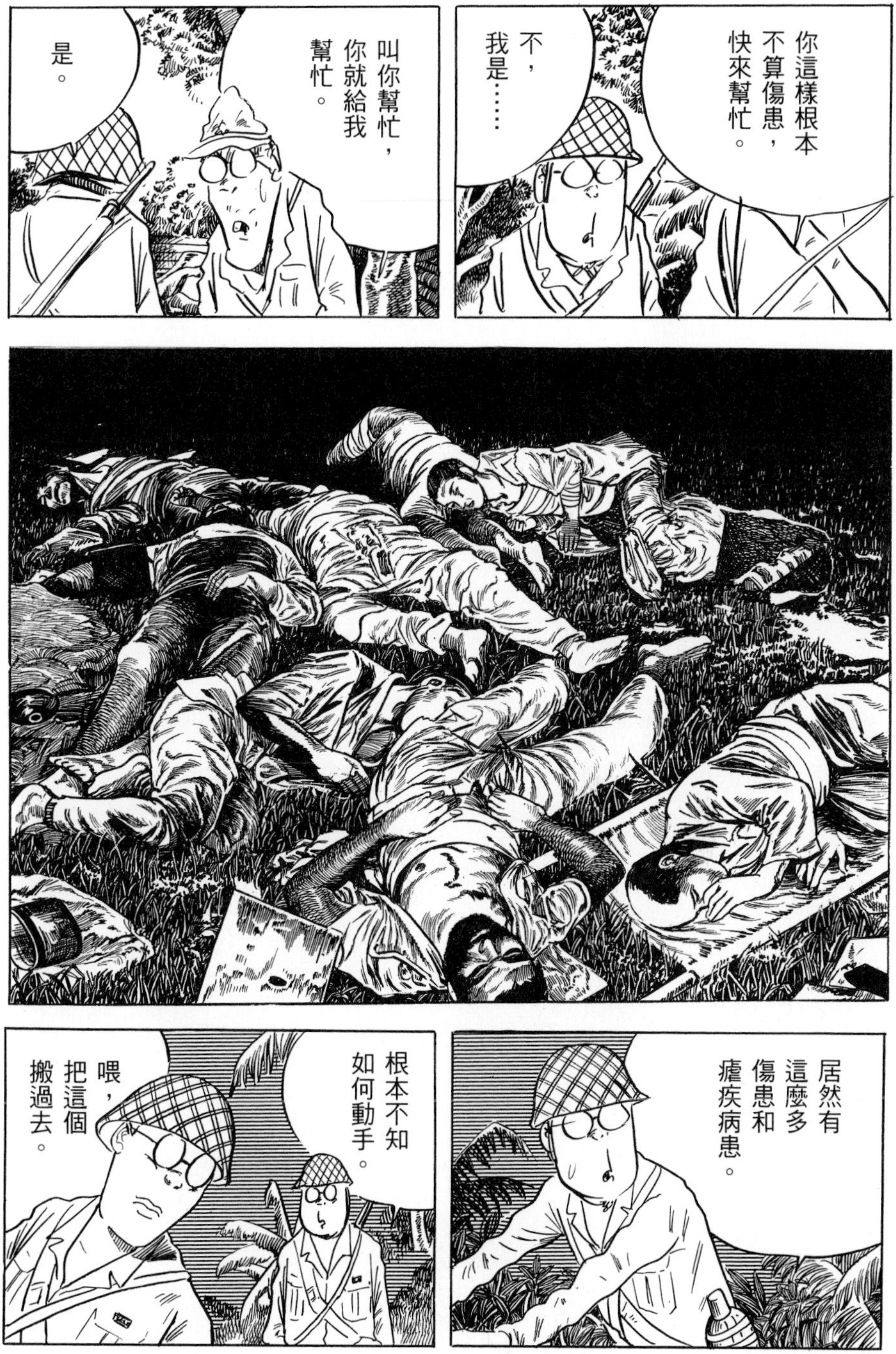
你這樣根本不算傷患，快來幫忙。
不，我是……
叫你幫忙，你就給我幫忙。
是。
居然有這麼多傷患和瘧疾病患。
根本不知如何動手。
喂，把這個搬過去。

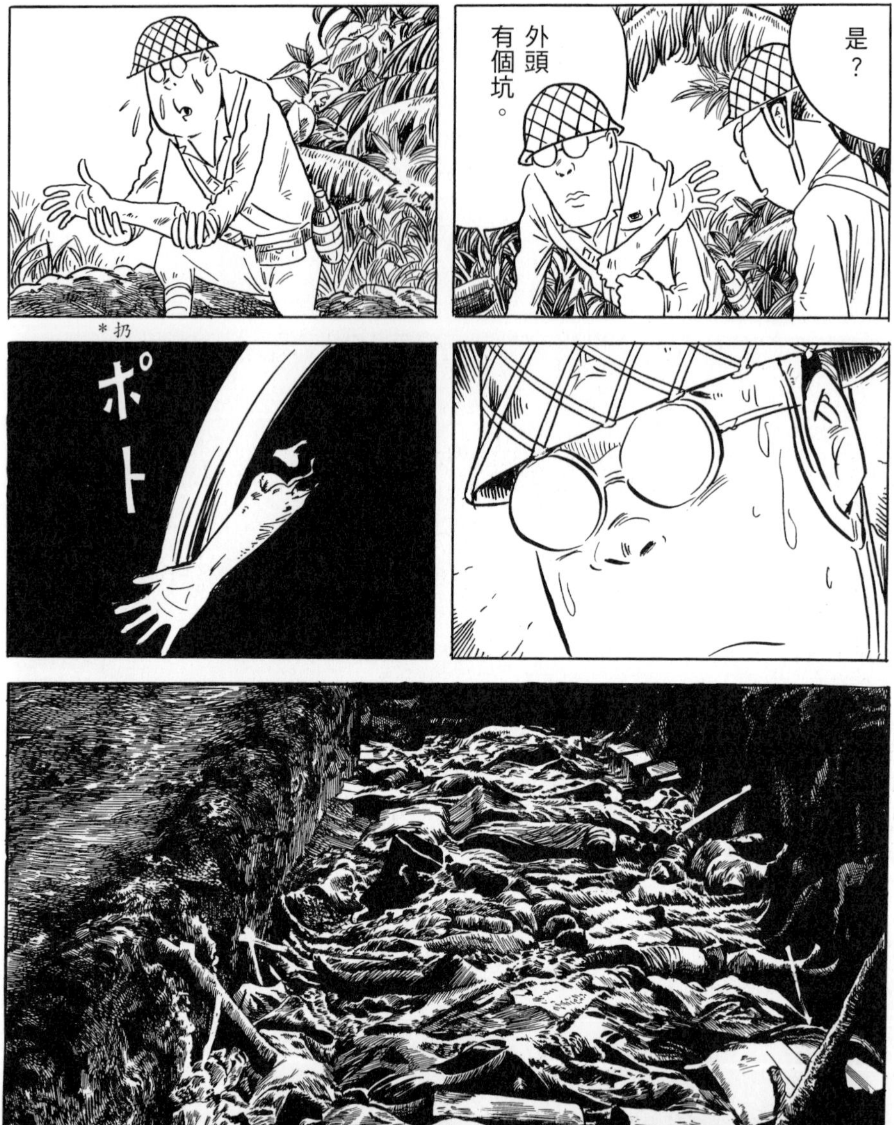
是？
外頭有個坑。
＊扔
ポト

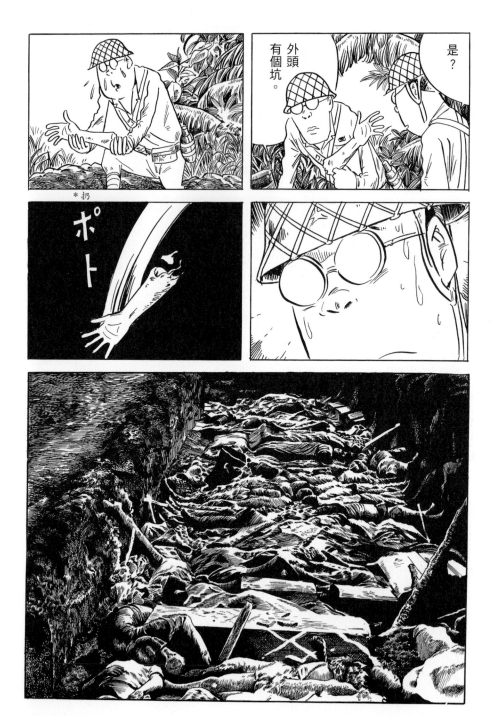

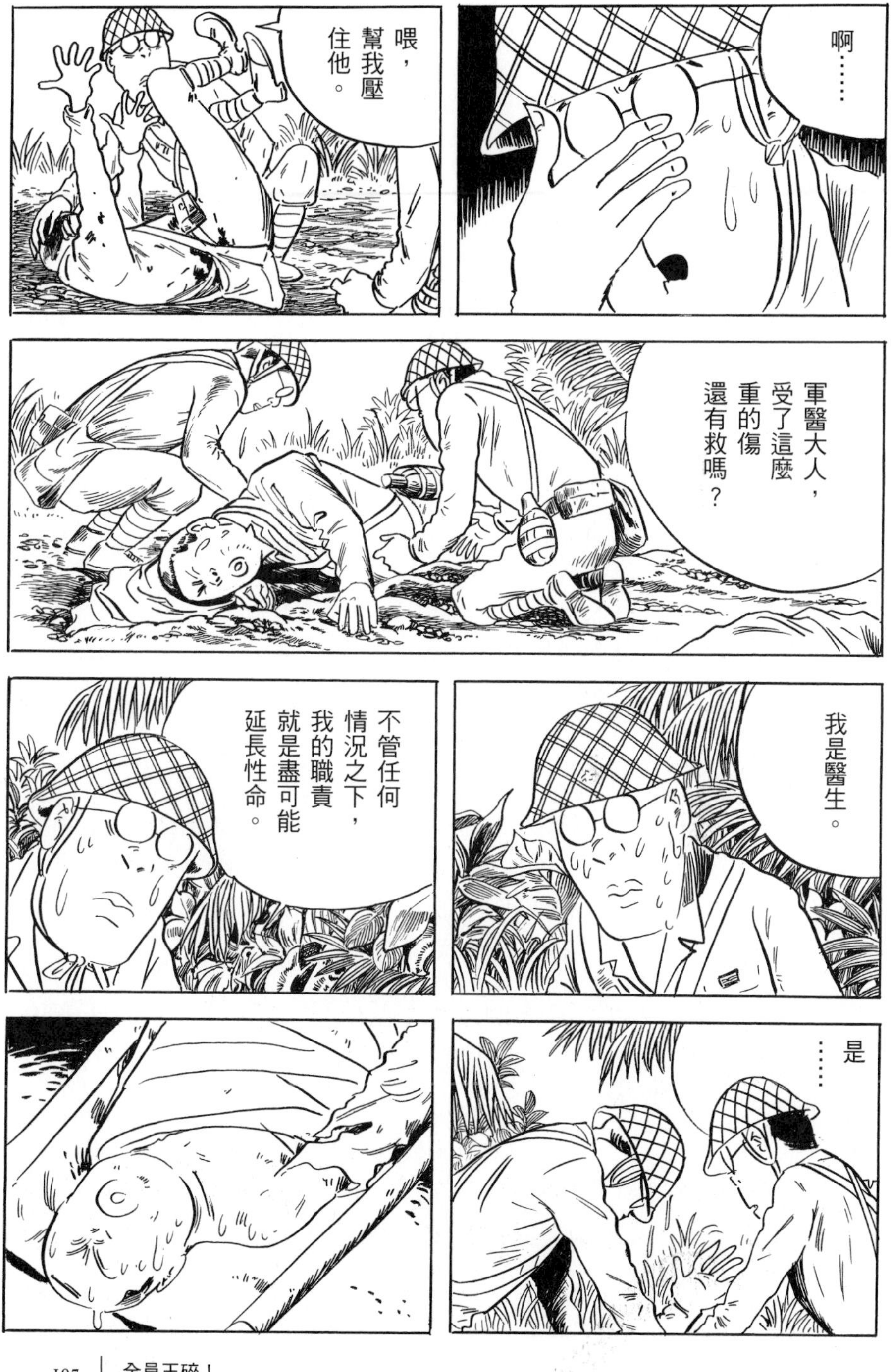
啊……
喂，幫我壓住他。
軍醫大人，受了這麼重的傷還有救嗎？
我是醫生。
不管任何情況之下，我的職責就是盡可能延長性命。
是……

*好痛、好痛

*轟──

*砰砰砰砰
喂，敵軍來襲了。
*噠噠
丸山，你在搞什麼鬼？
是，
衛生兵大人叫我去幫忙。
混帳！
*啪啪啪啪啪
快點開槍！

＊砰砰——
!?
＊喀啦
手榴彈！快丟回去！
＊磅
＊咻、咻

*喀啦
*咚
*咻
*磅
*喀啦

＊磅——磅——

本田軍曹。
上頭下令撤回大隊本部。
你說什麼？
據說情勢有變，水源地落入敵軍手中。
什麼？水源地？
這下問題可大了。
喂，大夥一同撤退。

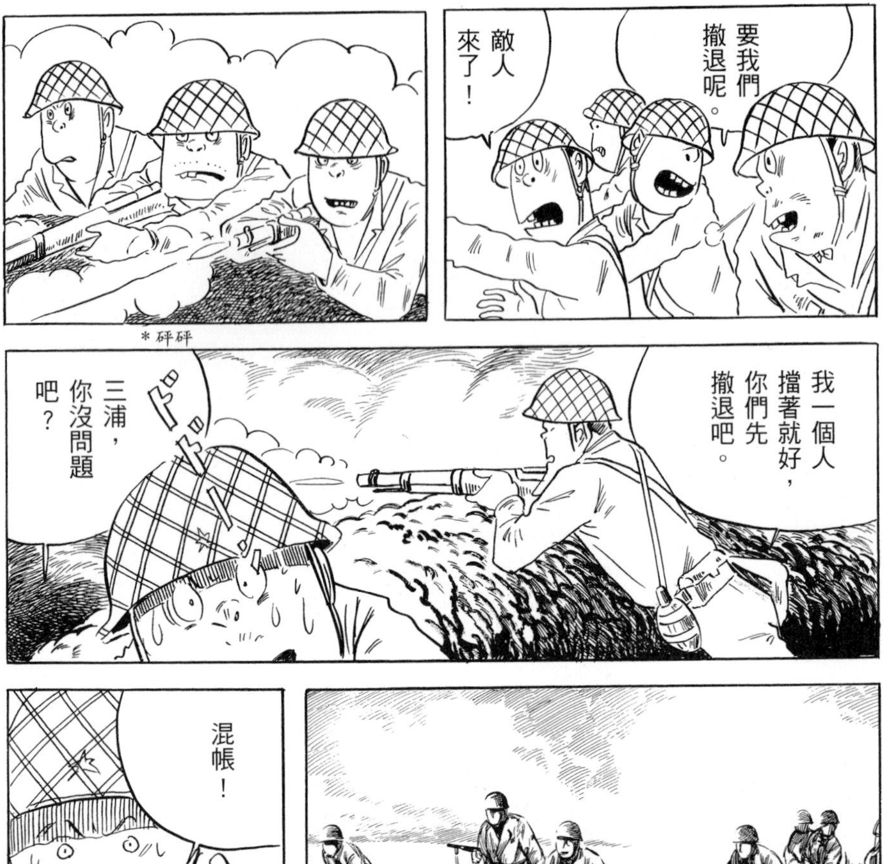
要我們撤退呢。
敵人來了！
我一個人擋著就好，你們先撤退吧。
三浦，你沒問題吧？
混帳！

＊砰砰

＊砰——

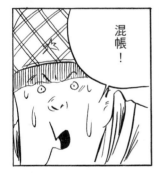

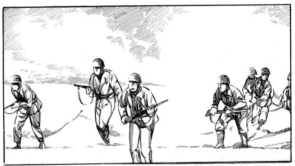

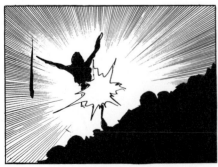

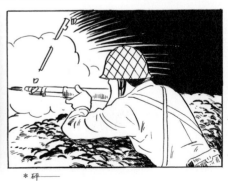

＊微笑
三浦，當心點！
ニヤリ
＊磅——
啊，三浦……
喂，快點撤退，敵軍要來了。

本田軍曹之死

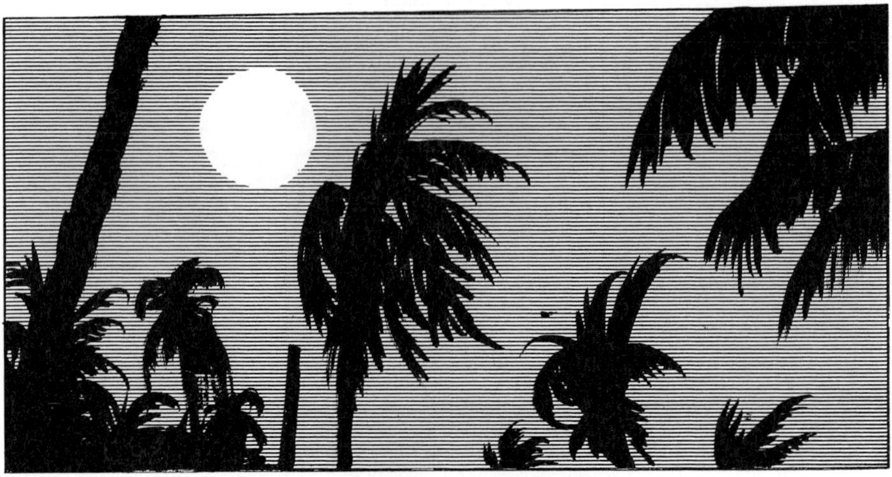

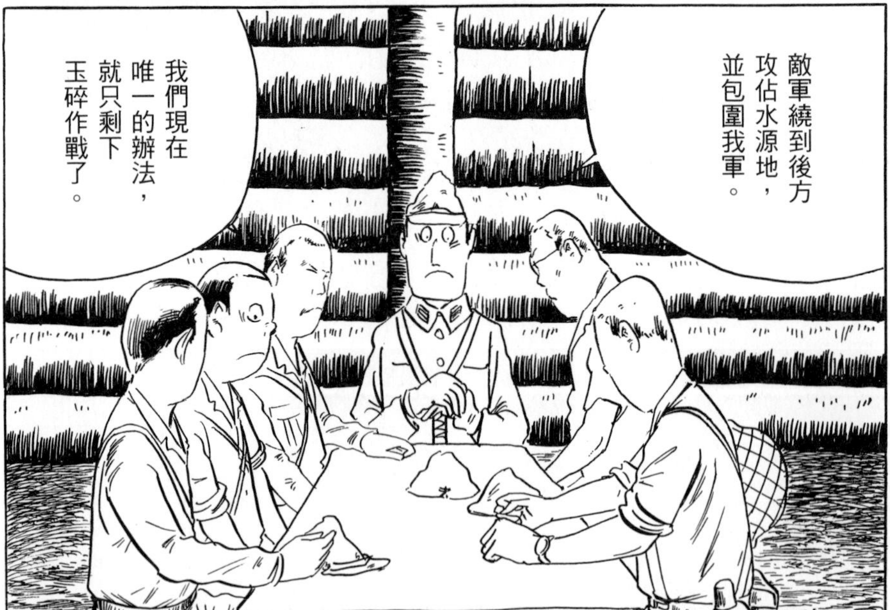
敵軍繞到後方攻佔水源地，並包圍我軍。
我們現在唯一的辦法，就只剩下玉碎作戰了。

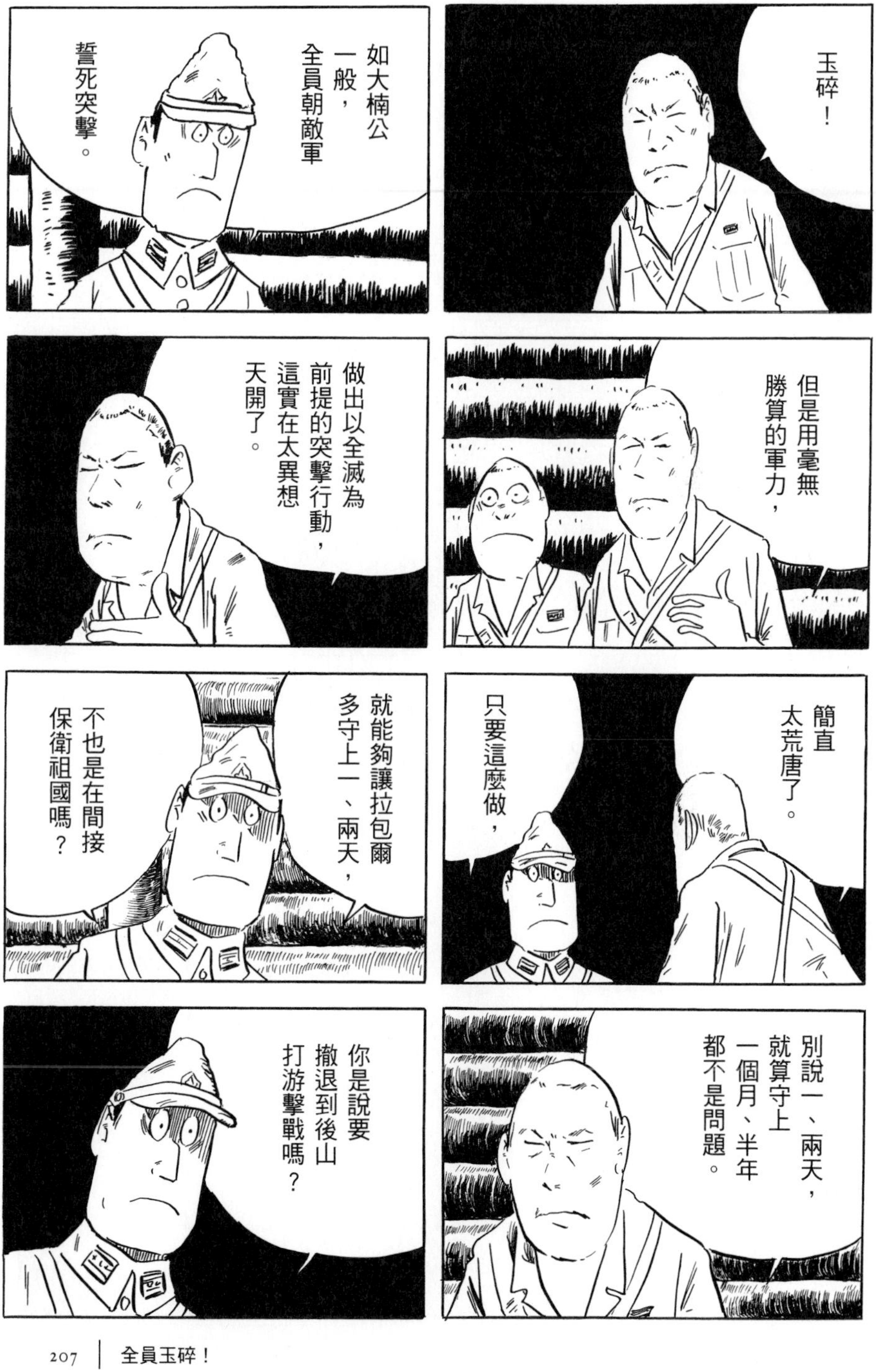
玉碎！
如大楠公一般，全員朝敵軍
誓死突擊。
但是用毫無勝算的軍力，
做出以全滅為前提的突擊行動，這實在太異想天開了。
簡直太荒唐了。
只要這麼做，
就能夠讓拉包爾多守上一、兩天，
不也是在間接保衛祖國嗎？
別說一、兩天，就算守上一個月、半年都不是問題。
你是說要撤退到後山打游擊戰嗎？

一旦捨棄了這個陣地，
就不可能再與處於優勢的敵軍相互對峙。
管他一週還是一個月，就算想在這座叢林裡苟且偷生，
士兵們也勢必因飢餓和瘧疾一一倒下。
比起這麼悲慘的死法，倒不如趁現在尚有力氣之時，
全員一同展開玉碎突擊，還死得比較有價值……
就算實行玉碎作戰，又能對敵軍造成多少傷害呢……
你是不想跟我一起死嗎？

後方的拉包爾，不是還有十萬將士正在悠閒度日嗎？
為什麼我們這些連飯都吃不飽的人，
非得在這種陸上孤島賠掉性命不可呢？
這座高地真有非守住不可的價值嗎？這件事本身不就是一場鬧劇嗎？
中隊長，請謹言慎行。
保衛這座高地是兵團長閣下的命令。
你只要閉上嘴，跟我一起赴死就好了。

請恕我直言，若是為了拉包爾的十萬將士，
我們不得不化為棄子，好保存拉包爾將士的戰力，
那麼到後山打游擊戰，同樣能達成目的。
這是假設一切都很順利吧，最後還是會讓士兵平白喪命。
身為隊長，我無法下令讓士兵平白喪命。
平白喪命……
玉碎作戰不也可能會平白喪命嗎？
你說什麼？

我拒絕和你一起送死！
混帳！
我已下令執行玉碎作戰了。
大隊長大人，我可以體會您的心情。
不過……
就算馬上展開玉碎，隊上的士兵恐怕也難以團結一心。
能請您先暫緩一下嗎？
嗯。
可以先考慮個兩、三天。

フーッ
*唉——
嘴巴渴成這樣還真難受。
嗯。
砍個樹藤來喝吧，裡頭水分很多。
原來如此。
ガサガサ
*窸窸窣窣
真是的，全都被喝光了。

要找沒人去過的地方……
啊。
*噗滋
*滴答
*咕嚕
*滴答
*呼——
*窸窸窣窣
*砰砰砰

＊呀！

ギャ
那是什麼聲音？
是小島吧。
難道敵軍在附近？
只有這個可能性了。
大夥們提高警覺。
快去通知分隊長。
本田分隊長，小島他……
什麼？他被幹掉了？
真奇怪。
敵軍已經來到這附近了嗎？
我去瞧瞧。

你也跟我一起來。
是。
*窸窸窣窣
ガサガサ
*窸窸窣窣
*窸窸窣窣
敵軍
?
ガサガサ
是敵軍！
ガサガサ
ズドン
*砰——
嗚呃

本田軍曹大人！
嗚嗚，把手榴彈給我！
＊痛痛痛痛
＊喀
ガッ
你快後退！
＊磅——

カサカサ
＊窸窸窣窣
剛剛是誰開槍的？
本田軍曹腹部中彈身亡了！
糟了！
蠢蛋！
你實在太膽小了。
怎麼回事？
本田軍曹死了。
小島也……
啊！事情嚴重了。

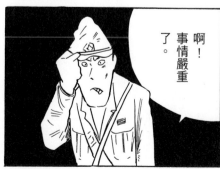

小隊長大人，沒有水就不能煮飯了。
這種事我很清楚。
目前正在尋找新的水源地。
總之，夜裡不要離開這道壕溝。
本田軍曹和小島的屍體留到明天再處理。
排好步哨再休息。
槍要記得上膛，放在枕邊。
小隊長大人，接下來會怎麼樣呢？
我每晚都夢到自己在吃東西。
嗯。
我也老是夢到在吃牛排。

每天光吃生米的話，瘧疾患者只會越來越多。
小隊長大人，聽說內地每天都遭到轟炸。
嗯。
如果最重要的內地都被炸得天翻地覆了，
我們留在這裡作戰還有什麼意義呢？
這我也不清楚。
總之先去睡覺，作個吃壽司的好夢吧。
壽司呀。
茶泡飯也不錯呢。
不，再怎麼說還是壽喜燒最棒了。

日本酒也很好喝。
紅豆麵包的好滋味也很難割捨。
羊羹也很好吃。
這麼說來，
已經有三年沒吃過了。
吃東西雖然不錯，但女人的柔嫩肌膚也很棒。
我待在中國時，曾跟西班牙女人上過床。
相當不賴。
西班牙！
是叫卡門嗎？
名字早就忘了。
俄羅斯女人也很不錯，我待在哈爾濱的時候……
雖然你們這麼說，
但無論如何，還是日本女人最棒了。
喂。

你不是得了瘧疾嗎？
嗯。
雖然燒到了四十度……
但身為處男只要一聽到這種話題，
當然是會興奮的呀！
真是的。
真口渴呀。
比起這個，明天的水要怎麼辦？

＊砰砰砰砰砰

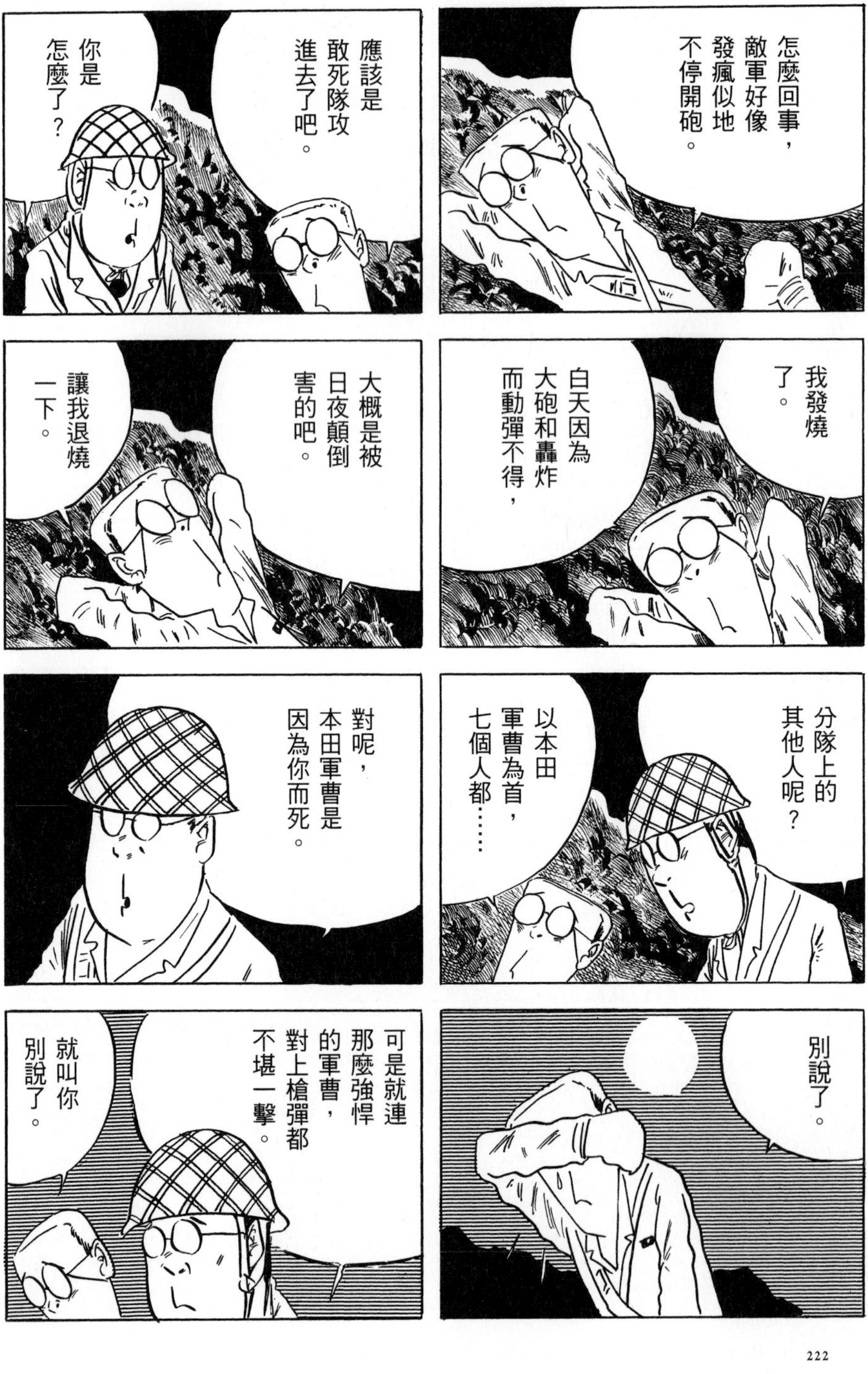
怎麼回事，敵軍好像發瘋似地不停開砲。
應該是敢死隊攻進去了吧。
你是怎麼了？
我發燒了。
白天因為大砲和轟炸而動彈不得，
大概是被日夜顛倒害的吧。
讓我退燒一下。
分隊上的其他人呢？
以本田軍曹為首，七個人都……
對呢，本田軍曹是因為你而死。
別說了。
可是就連那麼強悍的軍曹，對上槍彈都不堪一擊。
就叫你別說了。

你的分隊又怎麼了？
好像在陣地全滅了。
一定是因為第一小隊早早就擅自撤退的關係。
這麼說來，戰況突然就轉變了呢。
甘茶でかっぽれ
しぶ茶でかっぽれ
♬喝甘茶跳舞 喝苦茶跳舞
ははははは
＊哈哈哈哈
ははははは
＊哈哈哈哈
是誰？
是內田。

快制止他，不然就要跑去敵軍那裡了。
＊揍
ポカッ
幹什麼啦！
力氣還真大。
五、六個一起上！
內田！
哈哈哈哈。

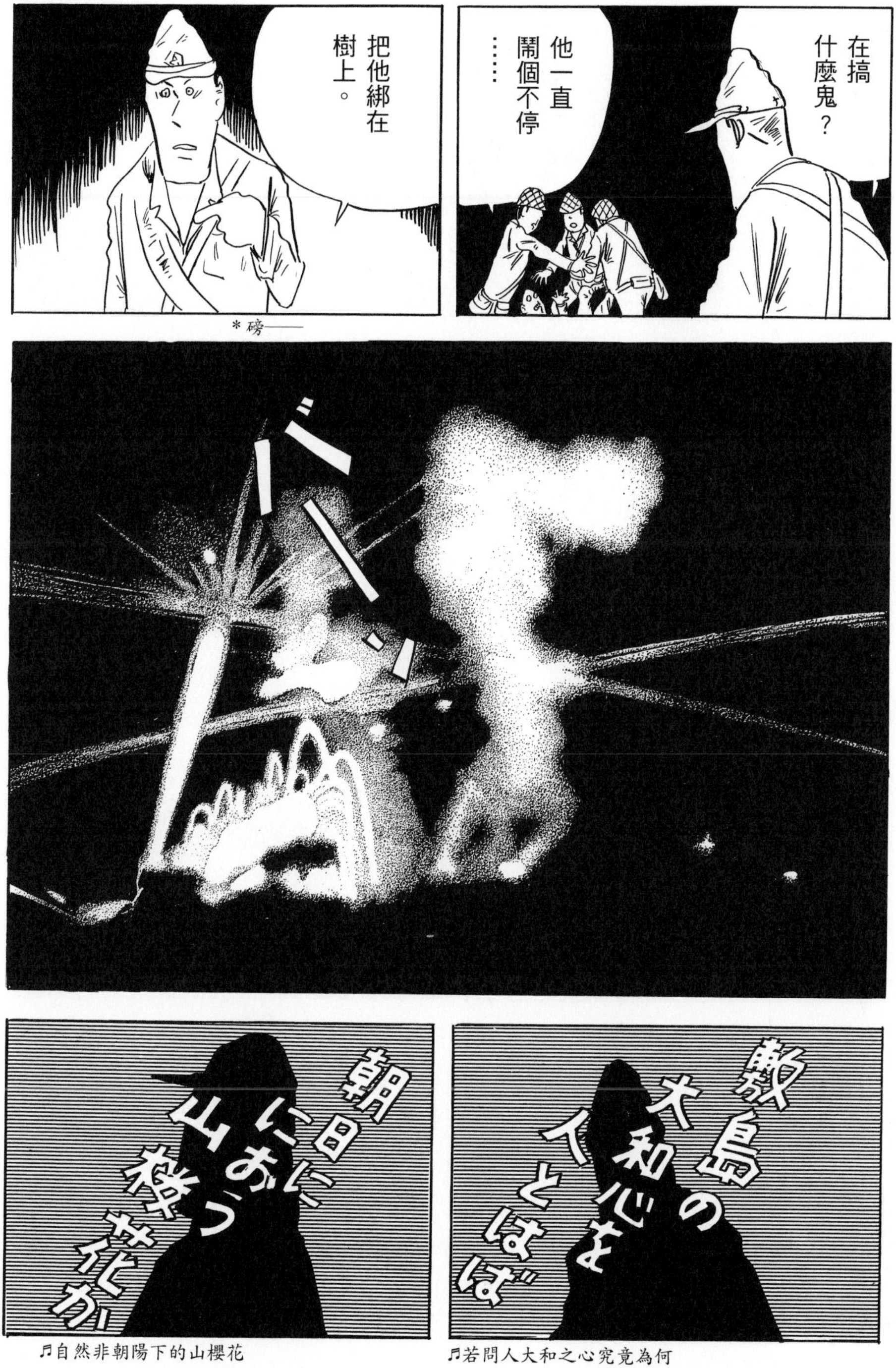
在搞什麼鬼？
他一直鬧個不停……
把他綁在樹上。
＊磅——
バーン
敷島の大和心を人とはば
♬若問人大和之心究竟為何
朝日ににおう山桜花
♬自然非朝陽下的山櫻花

副官呀，古人說得好，軍人有時非死不可。
重要的是下定決心。就算打游擊戰能苟延殘喘，
也不過是活著丟臉罷了。
大隊長大人，沒這回事。
但在不剩半點食物之下，游擊戰應該比玉碎戰還難打吧。
不過……隊上的士兵還沒下定決心要玉碎。
我好歹也是職業軍人，
想覓得自己的葬身之所。

＊唧唧唧

這麼說……
只剩下玉碎一途了！
接命者集合！
怎麼了？你燒得好厲害。
我已經不行了。

＊哈哈哈

小林！
ははは
有紅豆麵包。
什麼？
有紅豆麵包呀。
腦子病了，讓他多睡點吧。
是。
我也得過唷。
只要燒到四十二度以上，通常就會發作。
是喔？
大家聽好了！
拜恩守備隊將在本日凌晨一點，
シーン

＊一片安靜

以各小隊為單位，
朝包圍我軍的敵人，
展開最後的萬歲突擊。
傷患和
瘧疾病患，
走不動的人
聽從軍醫指示，
走得動的人
就跟我們
一同衝
進去。
ツーン
*一片安靜
現在發下去的，
就是你們最後
一口酒了。
玉碎？

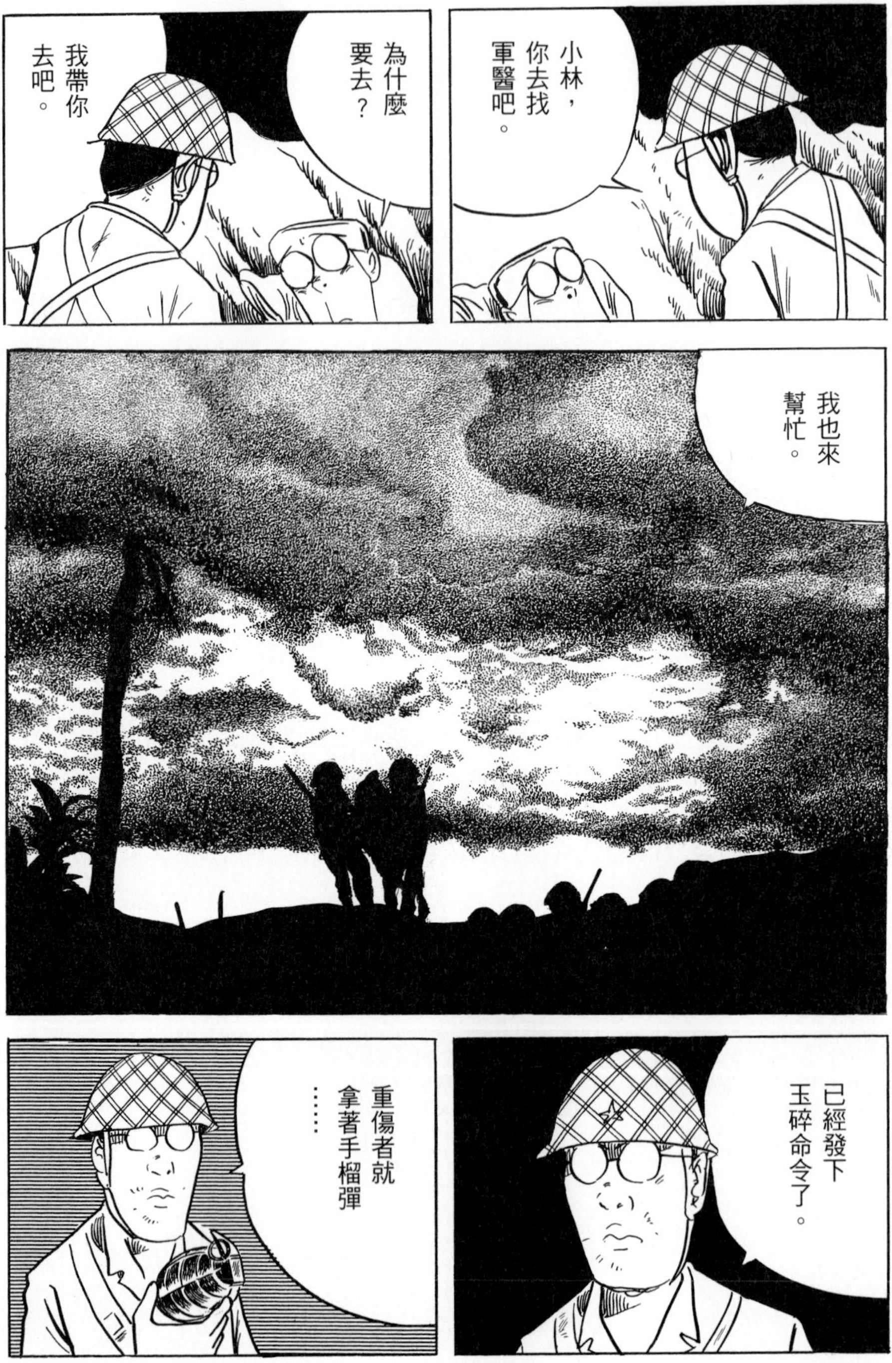
小林，你去找軍醫吧。
為什麼要去？
我帶你去吧。
我也來幫忙。
已經發下玉碎命令了。
重傷者就拿著手榴彈……

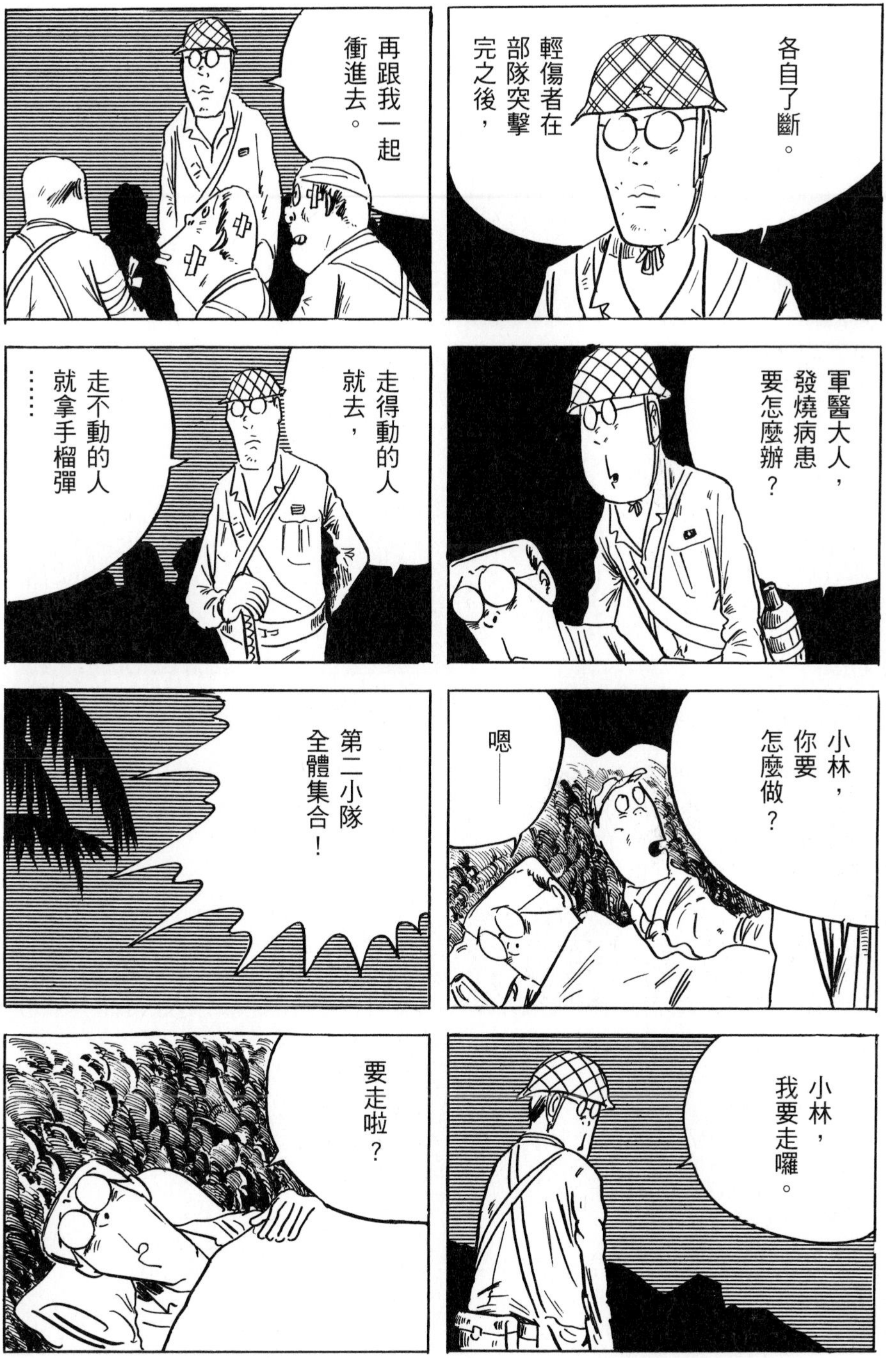
各自了斷。
輕傷者在部隊突擊完之後，
再跟我一起衝進去。
軍醫大人，發燒病患要怎麼辦？
走得動的人就去，
走不動的人就拿手榴彈……
小林，你要怎麼做？
嗯——
第二小隊全體集合！
小林，我要走囉。
要走啦？

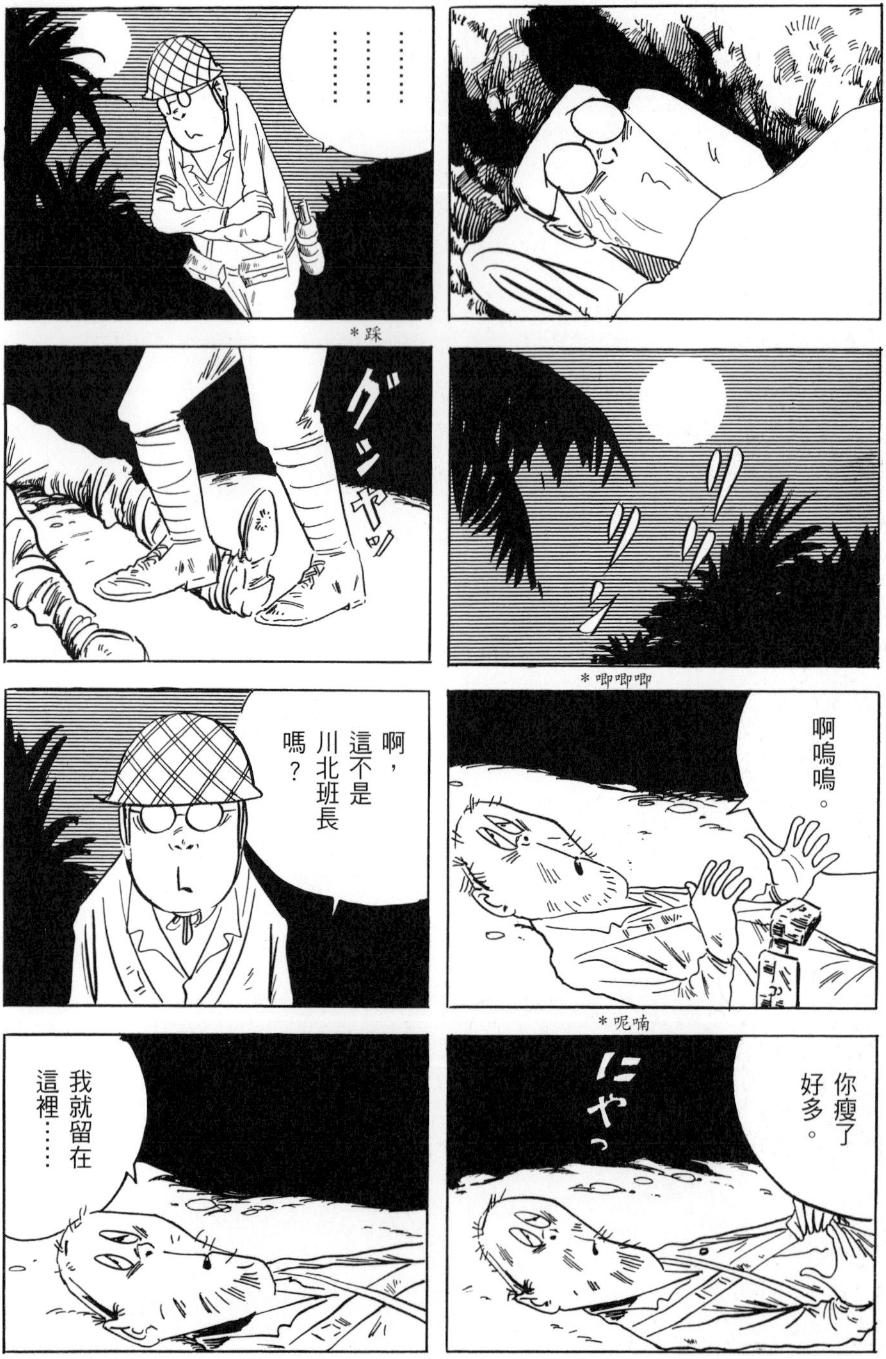
……
……
……
＊踩
グシャッ
＊唧唧唧
啊，這不是川北班長嗎？
啊嗚嗚。
＊呢喃
にやっ
你瘦了好多。
我就留在這裡……

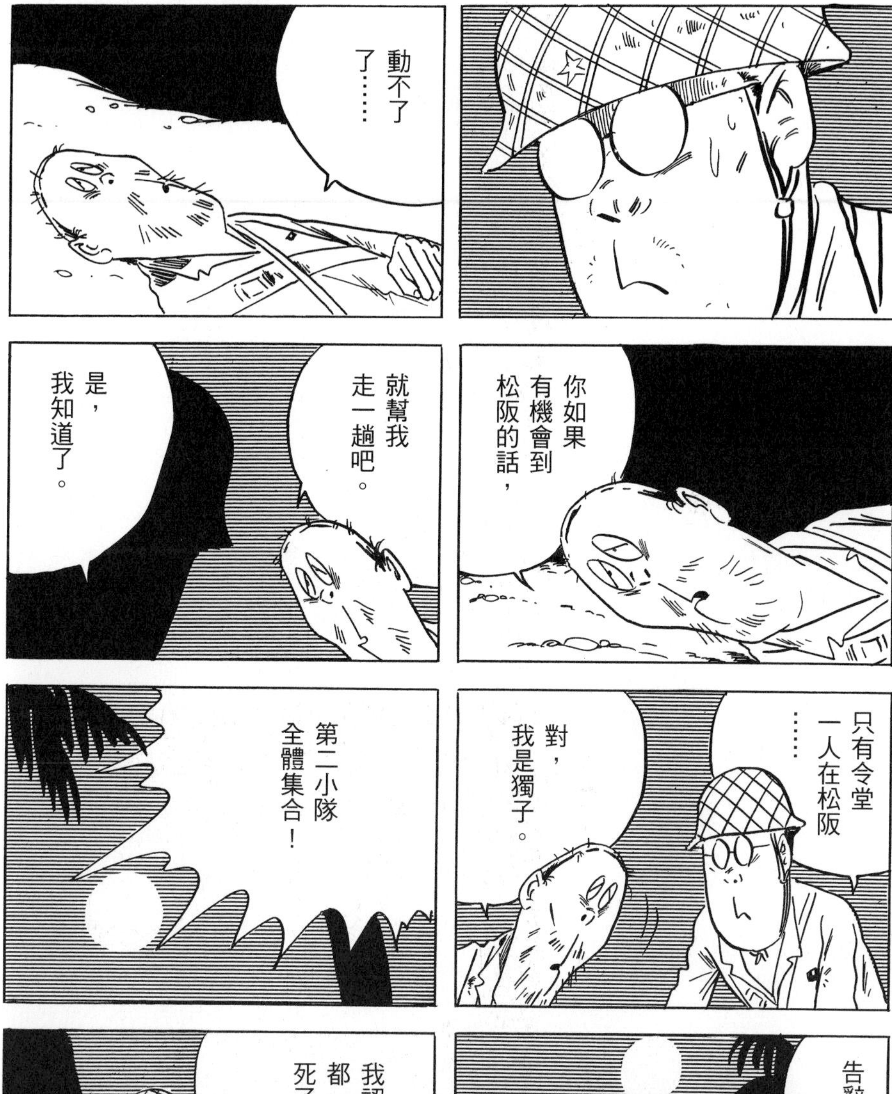
動不了了……
你如果有機會到松阪的話，
就幫我走一趟吧。
是，我知道了。
只有令堂一人在松阪……
對，我是獨子。
第二小隊全體集合！
告辭了。
我認識的人都一個個死了……

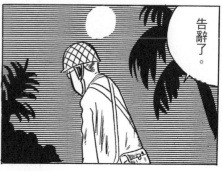

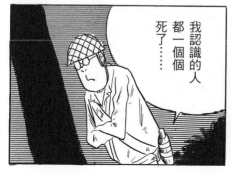

玉碎

喂，這是你的酒。
哈哈哈。

「在白天枯萎凋零，夜裡綻放」嗎？哈哈。
「我是在遊廓裡凋謝的花」呀。

ひるはしおれ
夜に

♬在白天枯萎凋零　夜裡綻放

♬討厭的敵人也 絲毫不嫌棄
還得討惡鬼般 老兵的歡心

♬我為什麼非得做這種
辛苦的工作不可呢

♬這也是為了國家
逼不得已

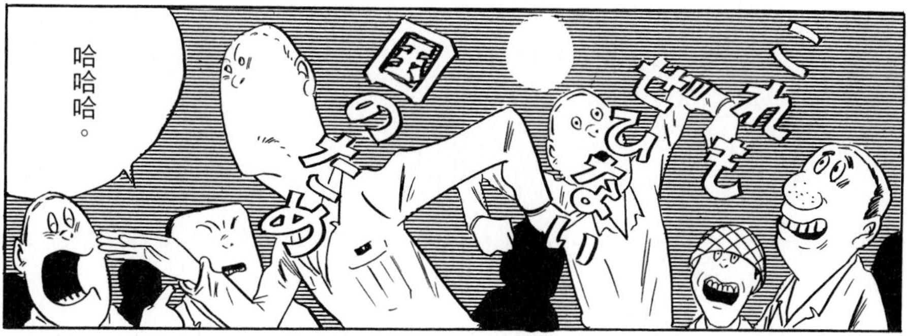

在此面朝祖國行訣別禮。
全體向右轉！

現在起，各小隊單位分別依照指示方向展開突擊。
我將與第二中隊長、第一小隊長一同朝中央衝鋒。
那就出發了。
上刺刀！

一心只想死得精彩，執著於這份美學的大隊長不知是否忘了部下的存在，在黑暗中孤身衝過了頭。中隊長以下的所有人都跟丟了大隊長的蹤影。但他的確是衝了先鋒，這點毫無疑問。
＊砰——
＊咚咚咚咚咚咚咚
ドドドドドドド

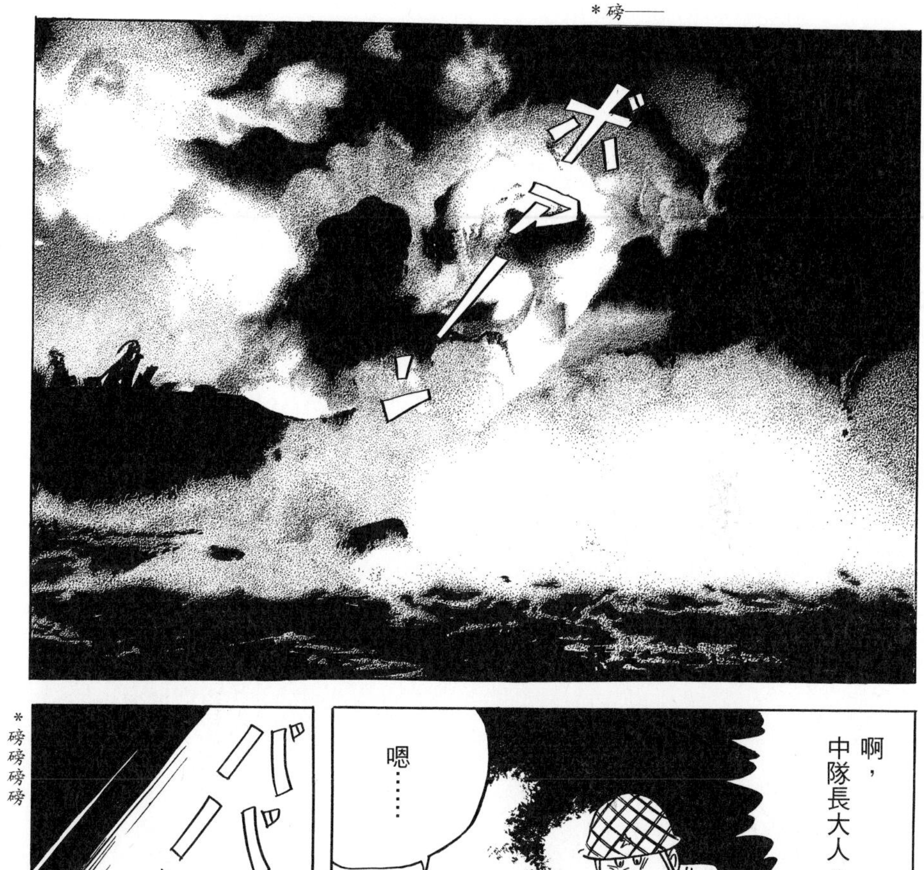
*磅——
啊，中隊長大人。
嗯……
*磅磅磅磅
*噠噠噠噠

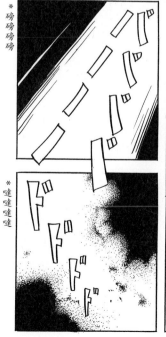

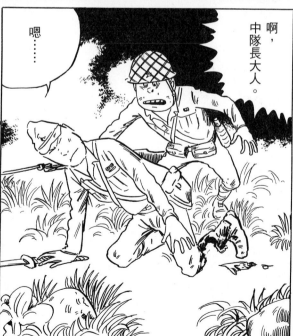

＊殺啊——殺啊——

＊嗚啊——呀——

＊唔！

＊噠噠噠噠

當黑夜終於露出曙光，
腿部受傷而動彈不得的中隊長，
在士兵的幫助下一路默默無言，
從後山朝聖喬治角前進。
但他們已是不該活在世上之人……

中隊長
依然活著。
大夥們，辛苦了。
是。
夠了，放我下來吧。
您受了重傷，又在深山裡，怎麼放您下來……

彷彿在反覆咀嚼每一分一秒似地，深深呼吸……
叫你放就放。
中隊長，請跟我們一起下山去聖喬治角吧。
說什麼傻話，我怎麼可能這麼做。
上頭都下令玉碎了，中隊長哪能苟且偷生。

啊，那麼……我們也一起吧。
不必，因為你們是聽我命令下山的。
中隊長，請跟我們一起走吧……
不行，放我下來。
這是我的命令。
是。
我將在此自決。
中隊長大人，請別說這種喪氣話。
聖喬治角在這個方向。
別理我了，快走吧。

中隊長大人，
有消息指出，內地也遭空襲了。
據說戰局已經大勢底定。
說不定狀況已經有所不同了。
謝謝。
但這是命令。
別理我了，走吧。
中隊長大人！
萬一你們還能活著回到內地，
請轉告家人，我的忌日是三月十八日。

別辜負了我的一番好意。
叫你們走，就快走吧！
遵命。
喂，大夥們，
走吧。

ダー!

當晚的遭遇

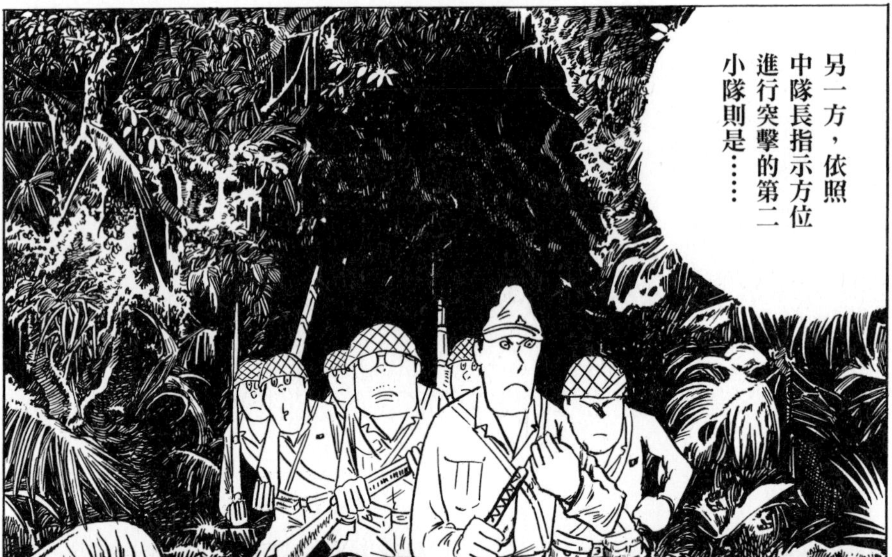
另一方，依照中隊長指示方位進行突擊的第二小隊則是……

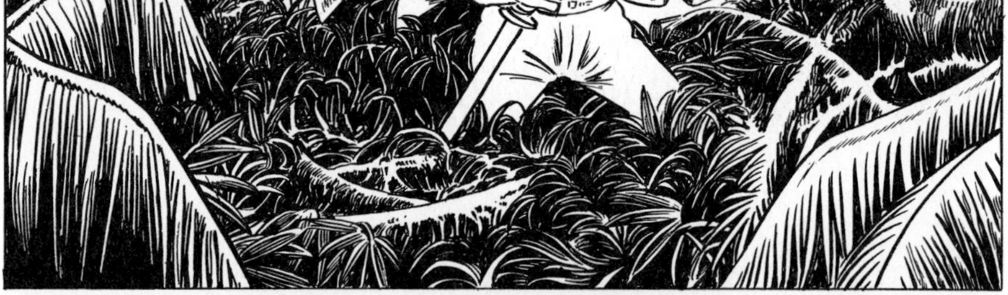

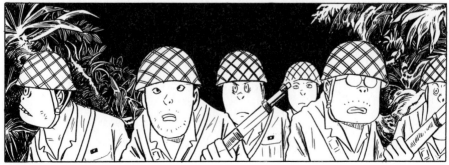

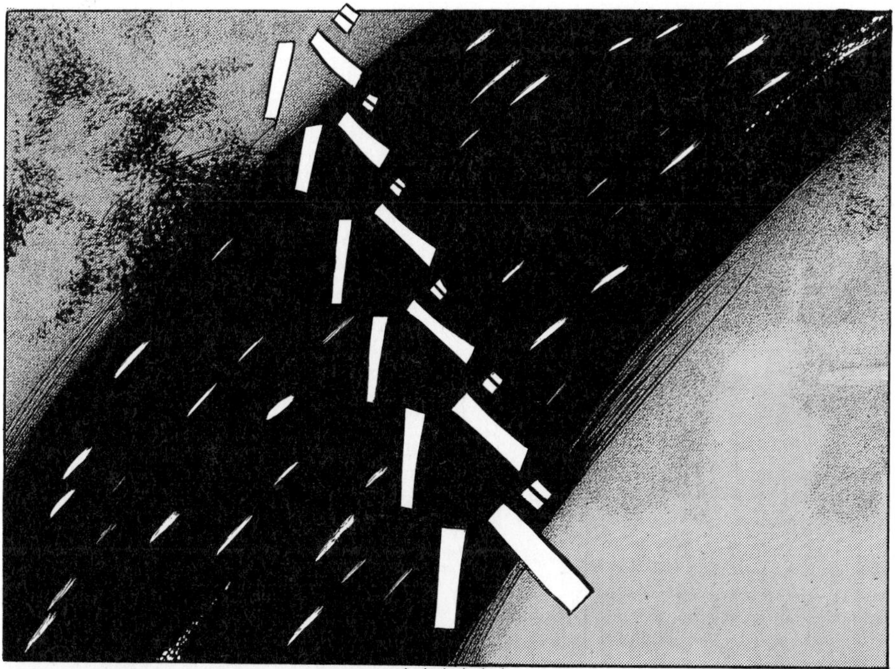

*噠噠噠噠噠噠

*砰砰砰砰砰

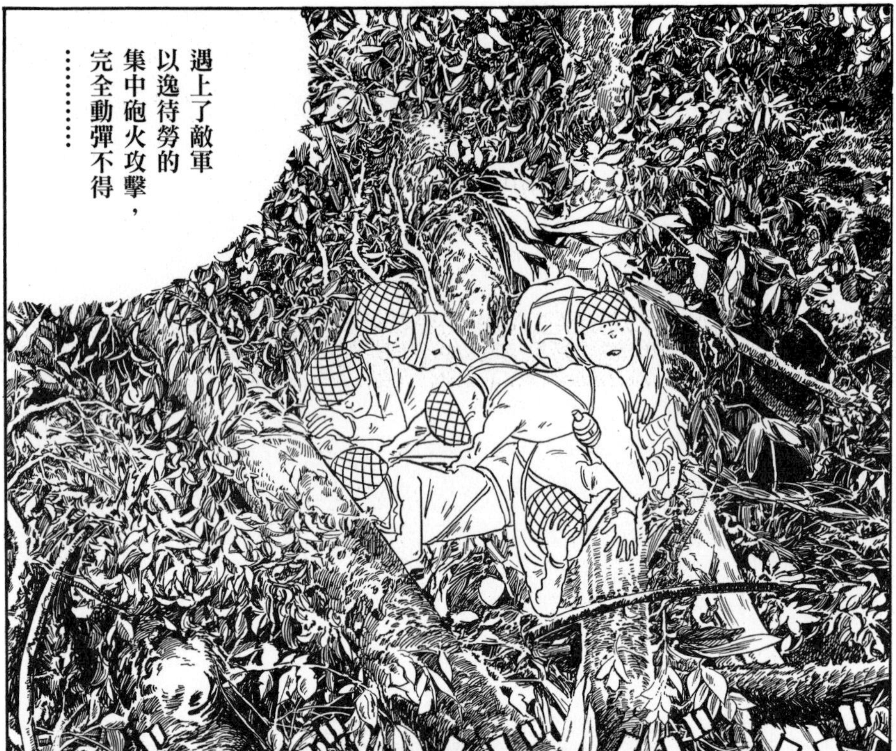
遇上了敵軍以逸待勞的集中砲火攻擊，完全動彈不得……

＊磅磅磅磅磅

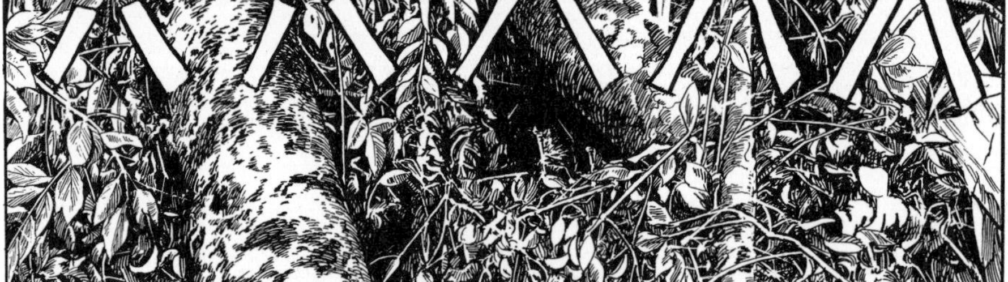
小隊長大人，何不先返回陣地，再伺機突擊？
嗯，就這麼辦。

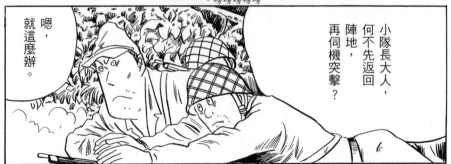

敵軍似乎以為我們是進攻主力。
沒錯。
啊──
幹嘛突然發出怪聲。
嚇死我了。
我們的陣地前方居然出現了敵軍帳篷……

這麼看來，在我們展開衝鋒的同時，敵軍伏兵也從水源地攻了上來。
天就快亮了。
＊轟隆轟隆轟隆
ゴロ ゴロ ゴロ
＊嘩——
ザーッ
等到天亮之後再行突襲，根本一點意義都沒有。
…………

啊啊啊
好冷。
我發燒了。
ザー
*嘩——
ザー
*嘩——
唉，肚子好餓……
……
小隊長大人，我們何不先下山轉往聖喬治角，
先飽餐一頓，再進行最後的突擊。
嗯。

死前的最後一餐要好好吃個飽，
我也是這麼希望的。
第二小隊的殘兵也開始朝著悲劇的「聖喬治角」前進……

先撤退至聖喬治角，再另行突擊。
往聖喬治角出發吧。

＊砰砰砰砰砰、噠噠噠噠噠噠

バババババ
玉碎當晚，軍醫也遭受敵軍伏兵襲擊。
ダダダダダダ

＊砰砰砰砰

バババ
軍醫大人，有敵襲！
嗯。

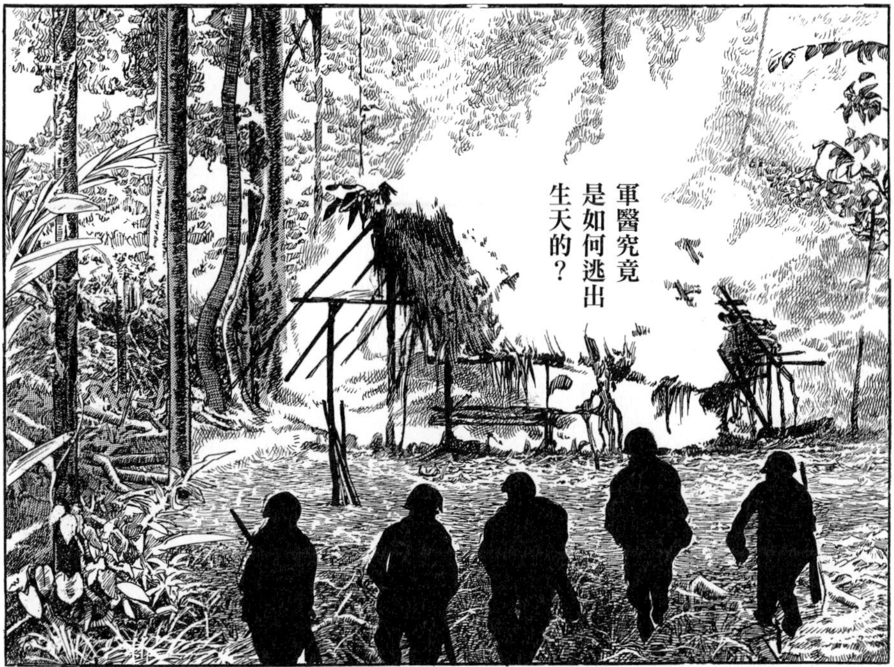
軍醫究竟是如何逃出生天的？

＊噠噠噠噠噠噠

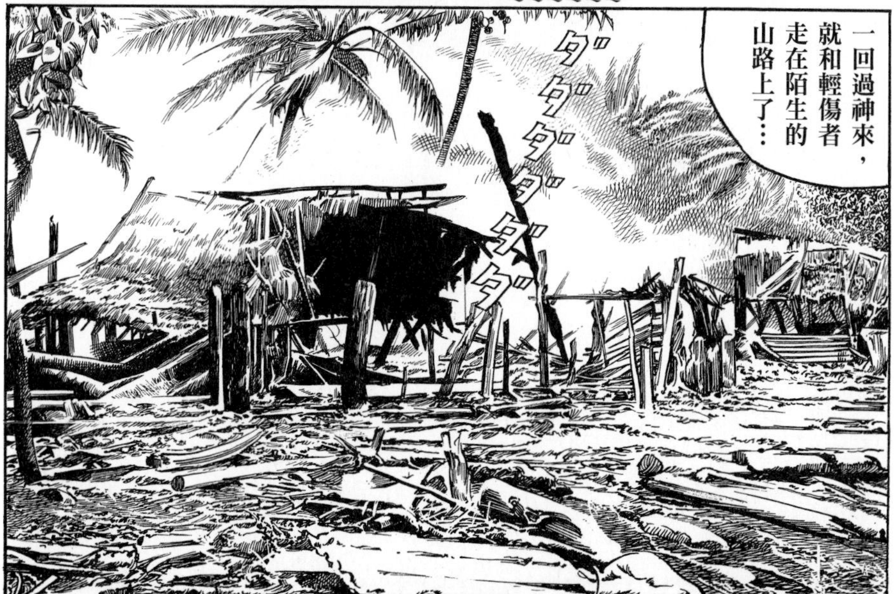
一回過神來，就和輕傷者走在陌生的山路上了…
ダダダダダダ

而他們也同樣
朝著「聖喬治角」
邁開步伐……

同一晚，遠在後方的拉包爾兵團司令部……

參謀長大人。
拜恩支隊發來電報。
嗯。
什麼？
今晚，支隊長以下全員將進行最後的敢死突擊。
祈求拉包爾的光榮勝利。三月十七日，支隊長田所少佐。
玉碎？
從至今為止的報告來看，
支隊應該仍可一戰才對呀……

田所還很年輕，
會不會是
太想殉國了？
八成
是如此。
「活用陣地，
拚戰到最後
一刻為止，
先別急著
玉碎。」
立刻這麼
回電報。
遵命。
＊喀嗟喀嗟
カタカタ
＊喀嗟喀嗟
カタカタ
……
……
？

參謀長大人，拜恩支隊沒有回應。
什麼……
一定是已經展開玉碎作戰了。
玉碎！

翌日，拉包爾。
全體集合！
什麼，怎麼了？
大家聽好了。

與我們一起同甘共苦過來的拜恩支隊，
儘管一路抵禦敵方優勢軍力，
今日，田所支隊長以下已全員玉碎。
在此為田所部隊默哀。
全體向左轉。
脫帽。
默哀！
全體向右轉。
解散！

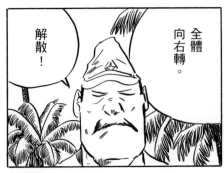

田所支隊的玉碎義行已上報大本營，兵團長閣下也告知了拉包爾全軍。
拉包爾全軍都為此感動不已。
適逢軍紀渙散之際，真是幹得好。
參謀大人，
參謀長大人找您。
不曉得是什麼事。

不知有何吩咐？
拜恩支隊沒有玉碎。
咦？
你瞧，聖喬治角警備隊傳來的機密電報。
拜恩支隊的數十名倖存官兵，正於聖喬治角警備隊搭伙。
過了兩、三天仍沒有前進的跡象。
這是怎麼回事？
丟光了拉包爾全軍的臉。
這是「陣前逃亡」！

在大本營和方面軍都已發布相關消息之下，事態極為嚴重。
得趁事情尚未外洩之前**斬草除根**。
司令部必須派人前往處理。
參謀長大人，就交給在下吧。
是嗎？
你願意去嗎？
是。
那你明天就去見兵團長閣下吧。

兵團長閣下，就是這裡。
辛苦了。
拉包爾十萬官兵的信念和軍令，如今即將毀於一旦。

玉碎的命令非遵守不可。
不管付出多大犧牲，都得死守這道命令。
否則拉包爾決戰的精神支柱也會就此崩塌。
此次任務十分重大。
同時也非常艱鉅。
是，在下已做好覺悟了。
到了當地之後，為了實行軍令，你可以不擇任何手段。
遵命。

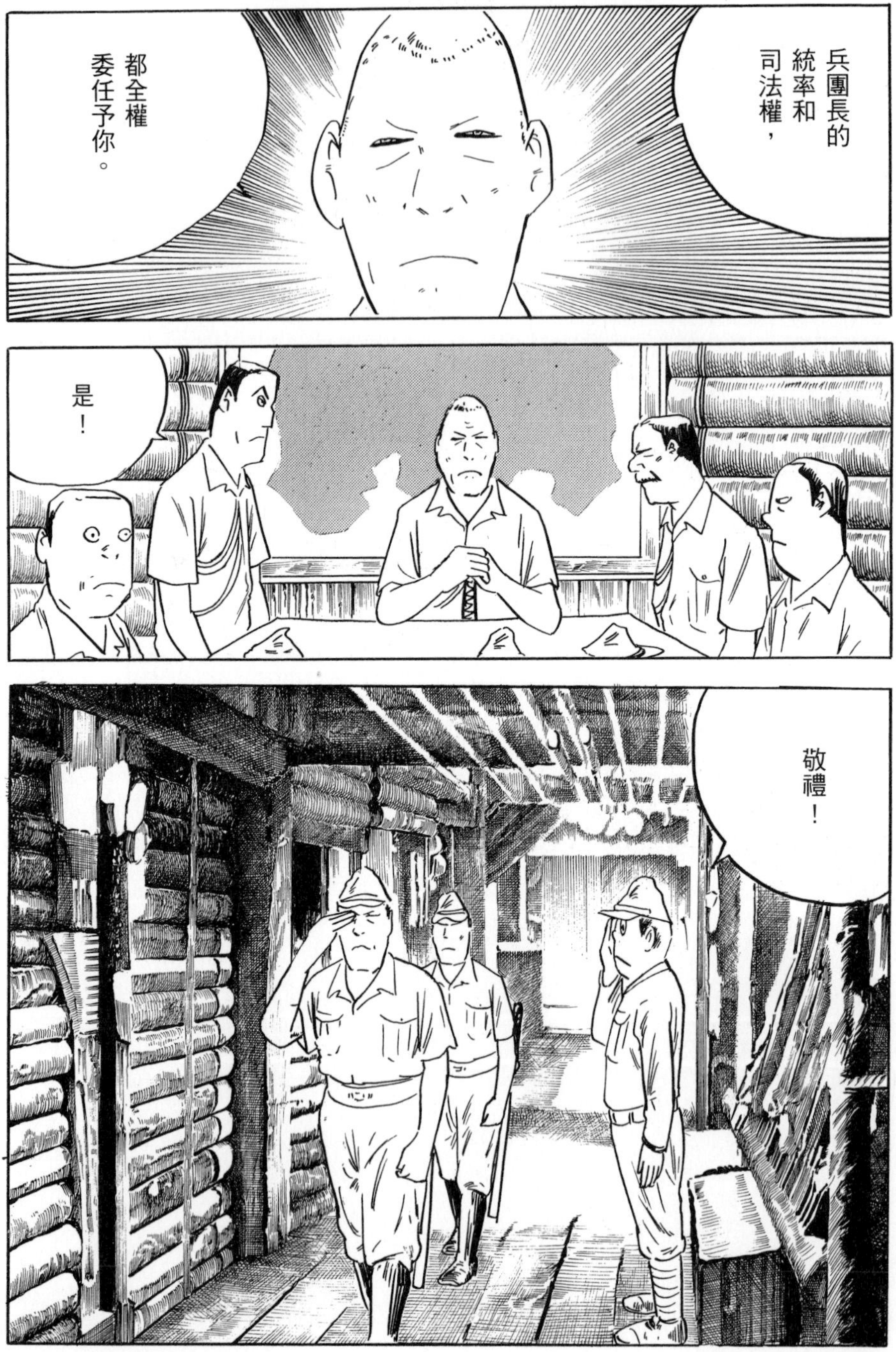
兵團長的統率和司法權，
都全權委任予你。
是！
敬禮！

聖喬治角

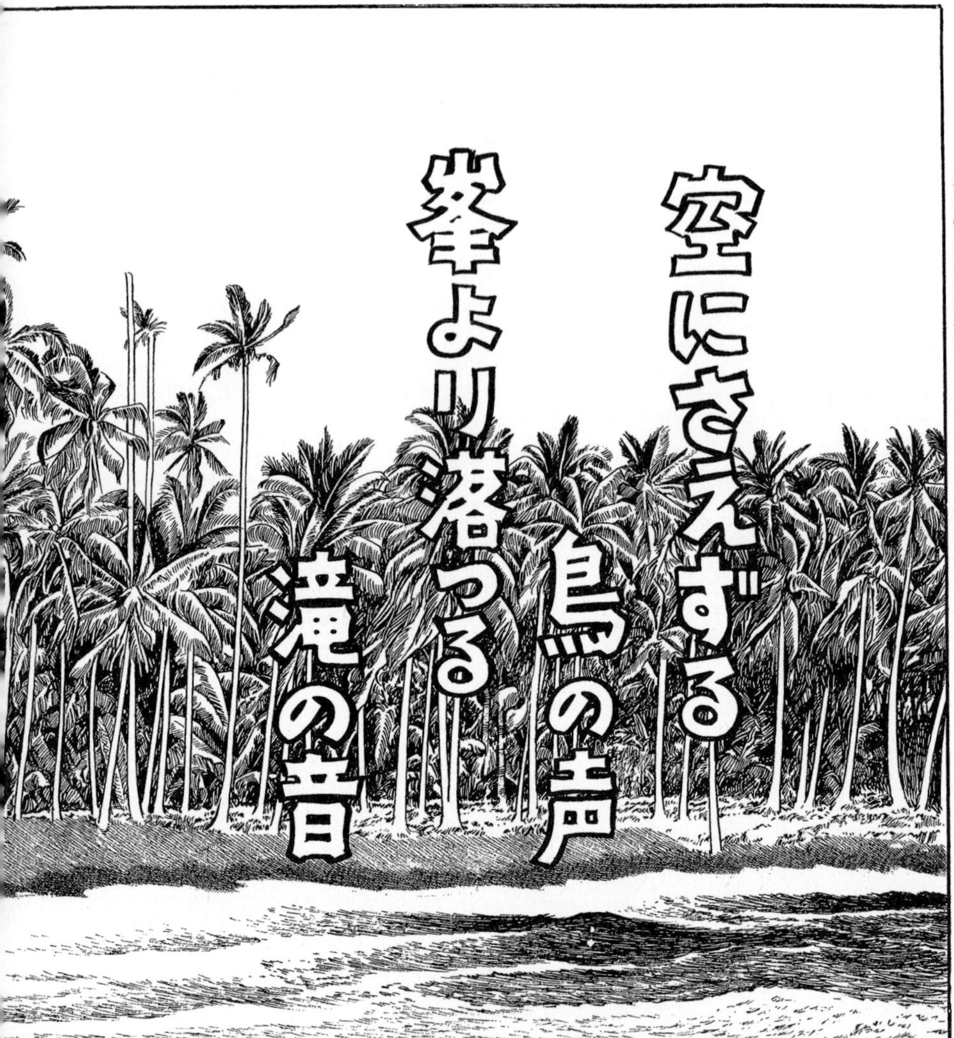
空にさえずる
鳥の声
峯より落つる
滝の音

♬在空中囀鳴的鳥啼聲
從山峰飛瀉的瀑布聲

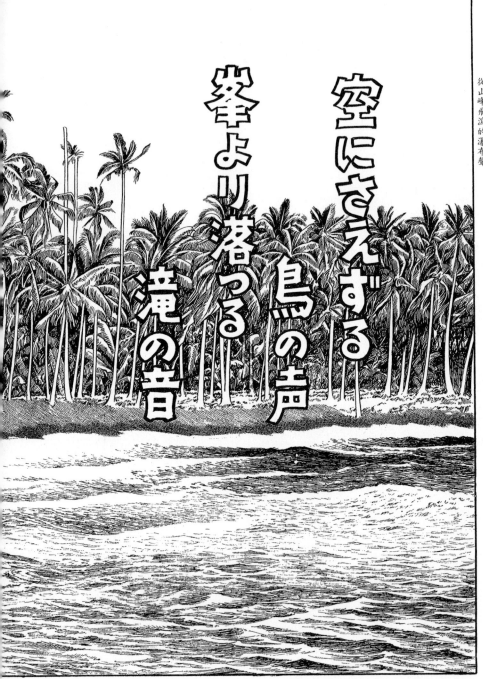

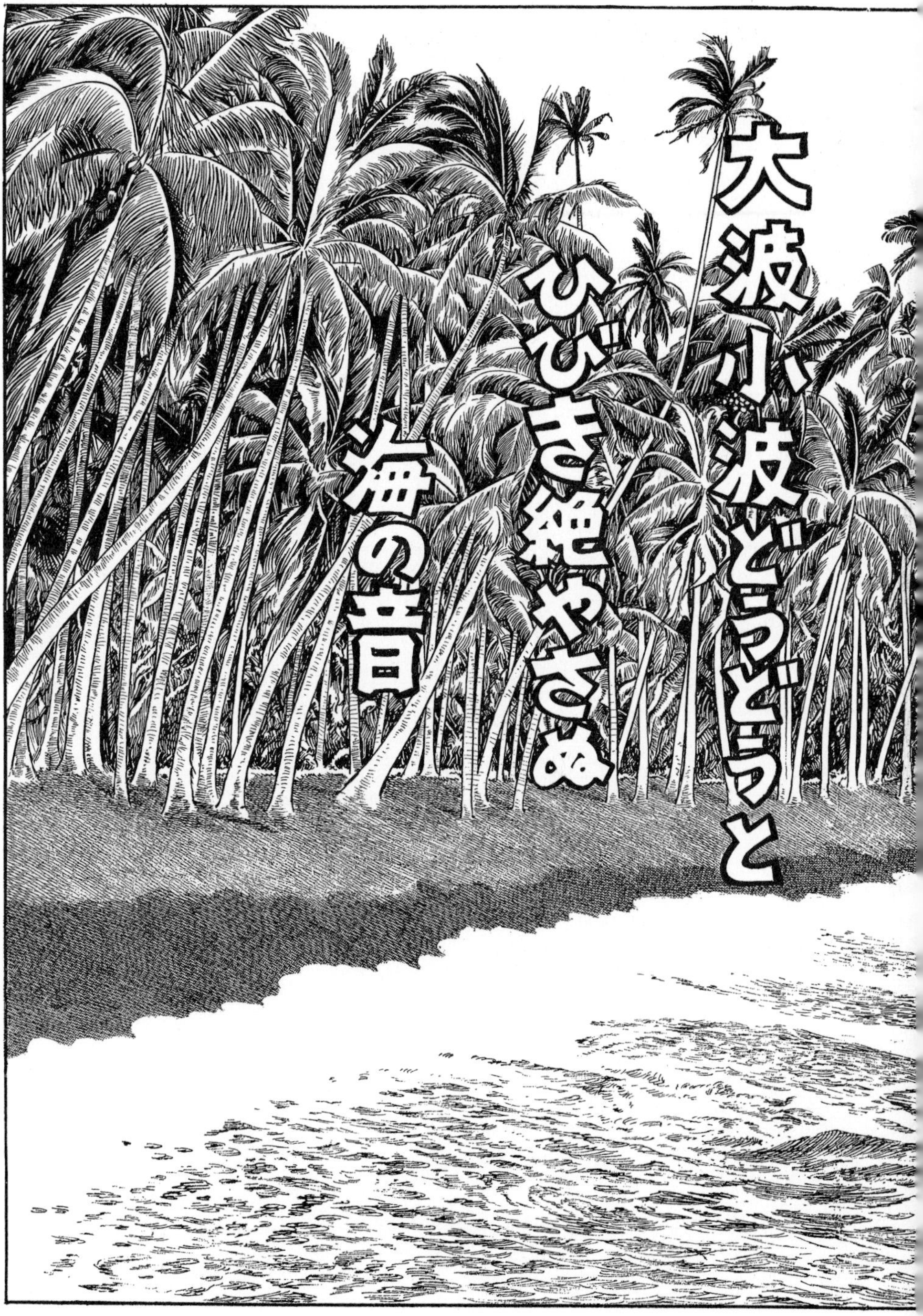
大波小波どうどうと
ひびき絶やさぬ
海の音

♬大波小波滔滔輕拍岸
始終不絕於耳的海浪聲

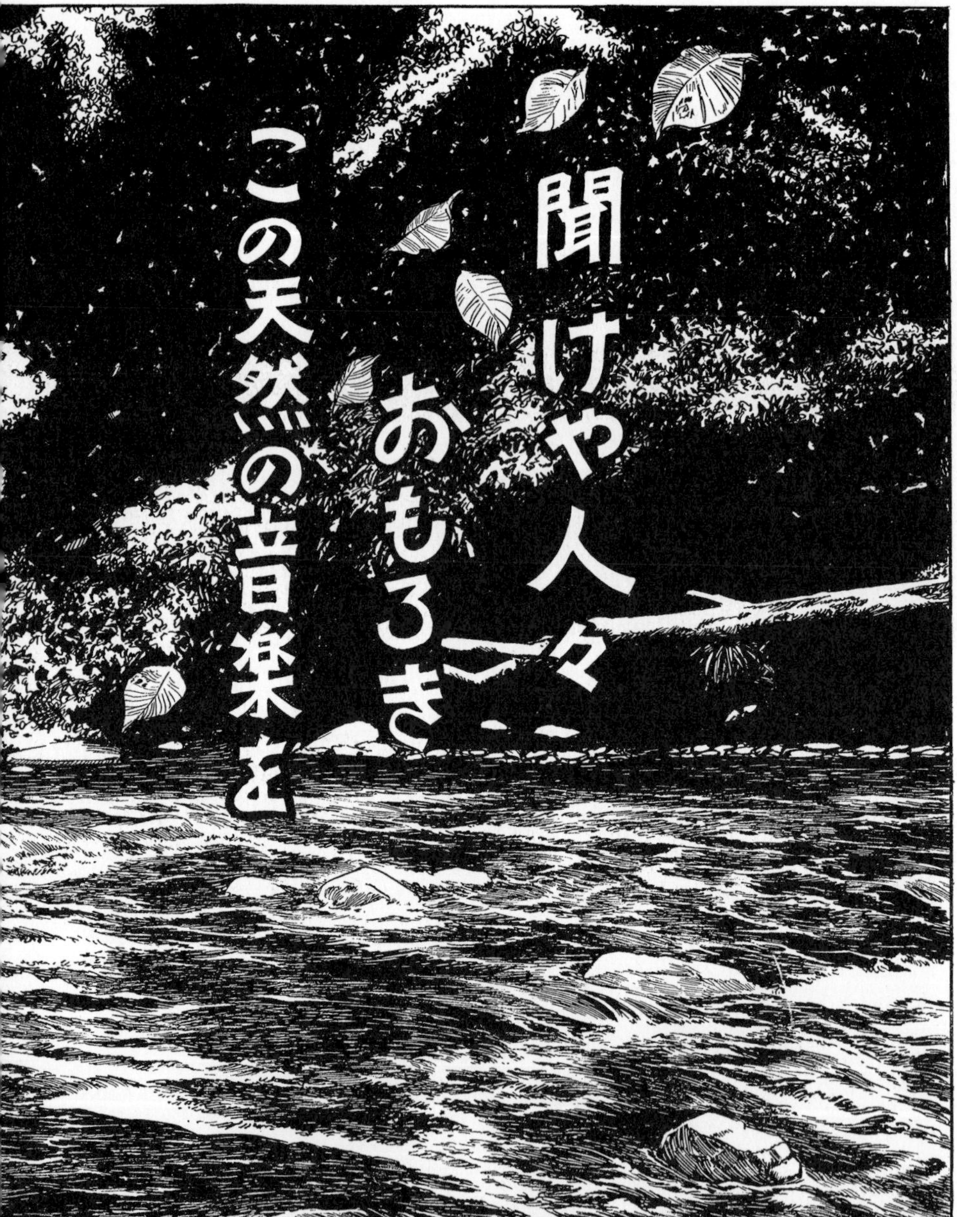
聞けや人々
おもろき
この天然の音楽を

♬傾聽吧人們　樂無窮地
這一曲天然的旋律

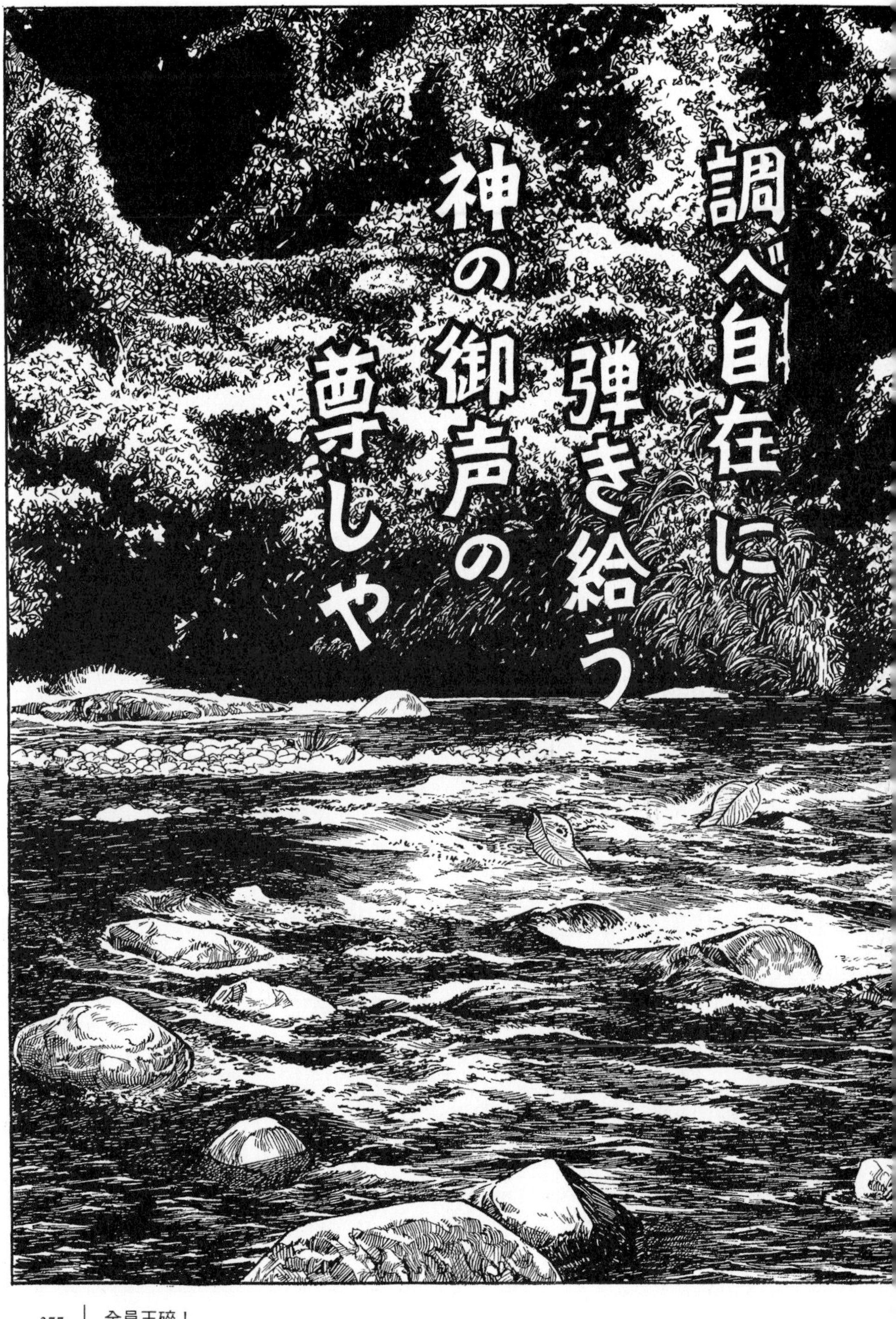
調べ自在に
弾き給う
神の御声の
尊しや

♬琮琤自如地盡情彈奏
神明之御聲的崇高

天地萬物之所以能生而喜悅，正是出自神之意志。
可是這裡卻有著一群不能苟活於世的人們。
（在下令玉碎後卻還活著，便得判處死刑）
他們正在等待司令部派來的「死亡使者」。
責任最為重大的軍官們也無能為力，只能眺望著遠方大海。

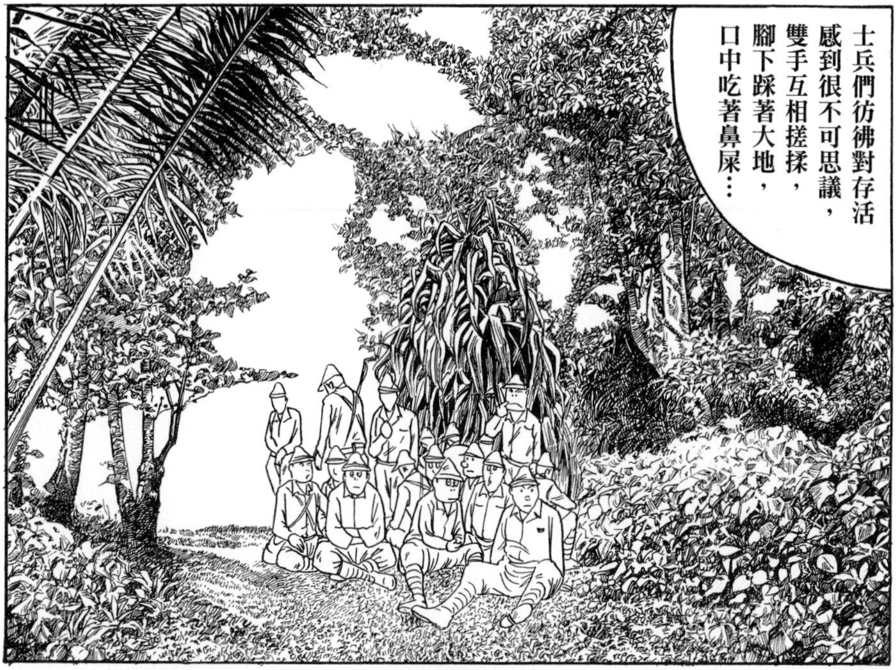
士兵們彷彿對存活
感到很不可思議，
雙手互相搓揉，
腳下踩著大地，
口中吃著鼻屎…

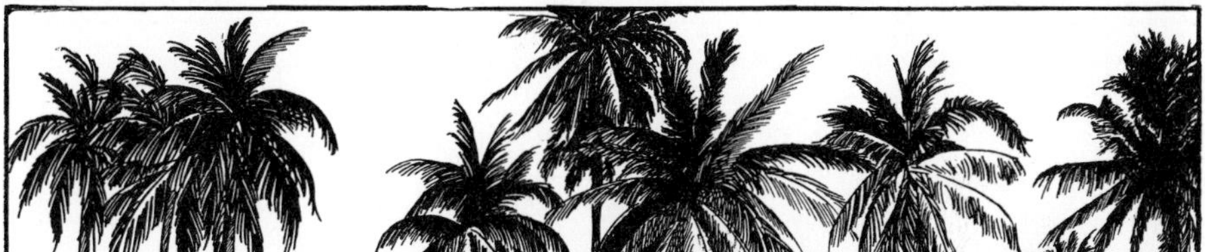
ザーッ
ザーザーッ

*唰——唰唰——

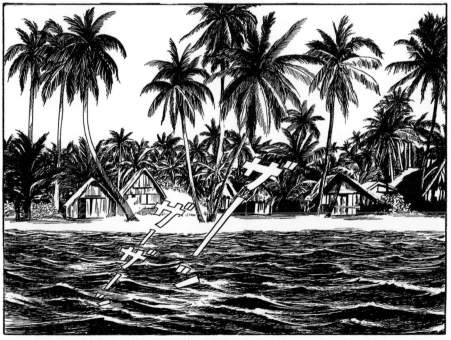

＊唰唰——唰——
軍官們仍眺望著大海……
就算僥倖逃過一死……
如今卻得面對這麼艱苦的處境，倒不如當時就……

雖然你說僥倖逃過一死，但人生不就是如此嗎？
有如剎那間流逝的光線一樣。
如果硬要遮住這道光的話，就是種罪惡了。
管他制度與否，都是種罪惡。
生而在世是神明的意志，
也是自然的意志。
軍醫大人，
請別這麼激動。
不，我是為了保回八十一位倖存官兵的性命，
我打算以老兵的身分出面，向兵團長閣下求情。
軍醫大人，別做傻事了。
我們的地位就跟螻蟻沒什麼兩樣。

管他是不是螻蟻，天地萬物生而在世都是宇宙的意志。
如果妄想以人為阻止，那就是罪惡。
可是這裡不是軍隊嗎？
軍隊？
軍隊這種東西，對人類而言本來就是一種病態的存在。
絕非人類原本該有的面貌。
不像清徹的天空、爭鳴的飛鳥、島上居民們這麼健全。
軍醫大人，請別這麼激動。

不，我才不是激動。
與其坐以待斃……
我今天就要坐上載著軍糧的大發動艇※，
去師團司令部見兵團長。
軍醫大人，這太……
我要去做最後的求情。
軍醫不聽大家的勸告，硬是搭上了大發動艇。

※大發動艇……簡稱「大發」，用於登陸作戰或物資運輸，擁有海上卡車之稱。

＊嗡——

＊咚咚咚咚咚咚

今天明明是我的出發日，
外頭還鬧得這麼兇。

參謀長大人，我出發了。
啊。
你見過拜恩支隊的軍醫了嗎？
他來到此地了嗎？
明明沒什麼要緊事，卻跑來說些無聊的話。
你一起把他帶過去吧。
還有那邊的警備隊長已經被任命為法務中尉了……
是。
那麼軍醫人在哪呢？
在軍醫班的地下壕溝裡。

啊，是參謀大人嗎？
坐著吧。
你今晚要跟我一起去聖喬治角。
咦？
你到底是跑來幹嘛的？
做戰況報告。
戰況報告？
玉碎部隊的軍醫是嗎……
傷患怎麼樣了？

輕傷者進行了突擊，而重傷者似乎是用手榴彈自殺了。
似乎？
你是軍醫吧？
傷者報告應該要更明確一點吧？
你該不會是丟下傷患自己逃跑了吧？
蠢蛋！
參謀大人。
在大隊展開突擊之後，敵軍伏兵從水源地前來襲擊。
當時簡直一團混亂……回過神來，自己已經往聖喬治角的方向前進了。
你是特地為了報告這種事而跑來的嗎？

我之所以前來，是因為有話想和兵團長閣下說。
可以讓我見他嗎？
大蠢蛋！
如果正式和兵團長閣下會面的話，就不得不因陣前逃亡將你處刑了。
你想說的是什麼？
不，還是算了。
我剛剛才被參謀長大人揍了一頓。
我們都是要一起搭上大發動艇的人，
不會揍你的，放心說吧。
實在很對不起，
可不可以賞我根菸呢？

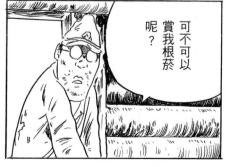

搞什麼，連菸都沒有嗎？
已經快一個月沒抽過了。
參謀大人，為何要讓毫無勝算的小部隊突擊大部隊，
最後還以玉碎收場呢？
這是為了爭取時間。
爭取時間幹嘛？
好補強後方，充實戰力。
就算要補強後方，也不必玉碎吧。思考出玉碎以外的解決之道，這才稱得上是作戰，不是嗎？
在玉碎中損失前途大好的人材，還空談什麼戰力？
大蠢蛋！

* 啪啪啪啪啪
如果你還算是軍人的話，就該知道有些話不能說。
我是醫生，
才不是什麼軍人。
明明毫無意義可言，你們卻只想著要害人送死，
根本就是狂人的化身。
何不試著更加冷靜思考大局呢？
混帳！
連這種如螻蟻般的性命都捨不得嗎？
何不試著更加尊重生命呢？

如果一心只顧人情，還有辦法擬定戰略嗎？
參謀大人。
對日本以外的軍隊來說，成為戰俘並非什麼滔天大罪。
為何只有我軍視為禁忌呢？
正因如此，才會輕易採用亂七八糟的玉碎作戰。
你這樣也算得上是日本人嗎？
我只是尊重生命而已。
少說這種娘娘腔的話了。
聽起來很娘娘腔嗎？
不夠有男子氣概嗎？
你說什麼？

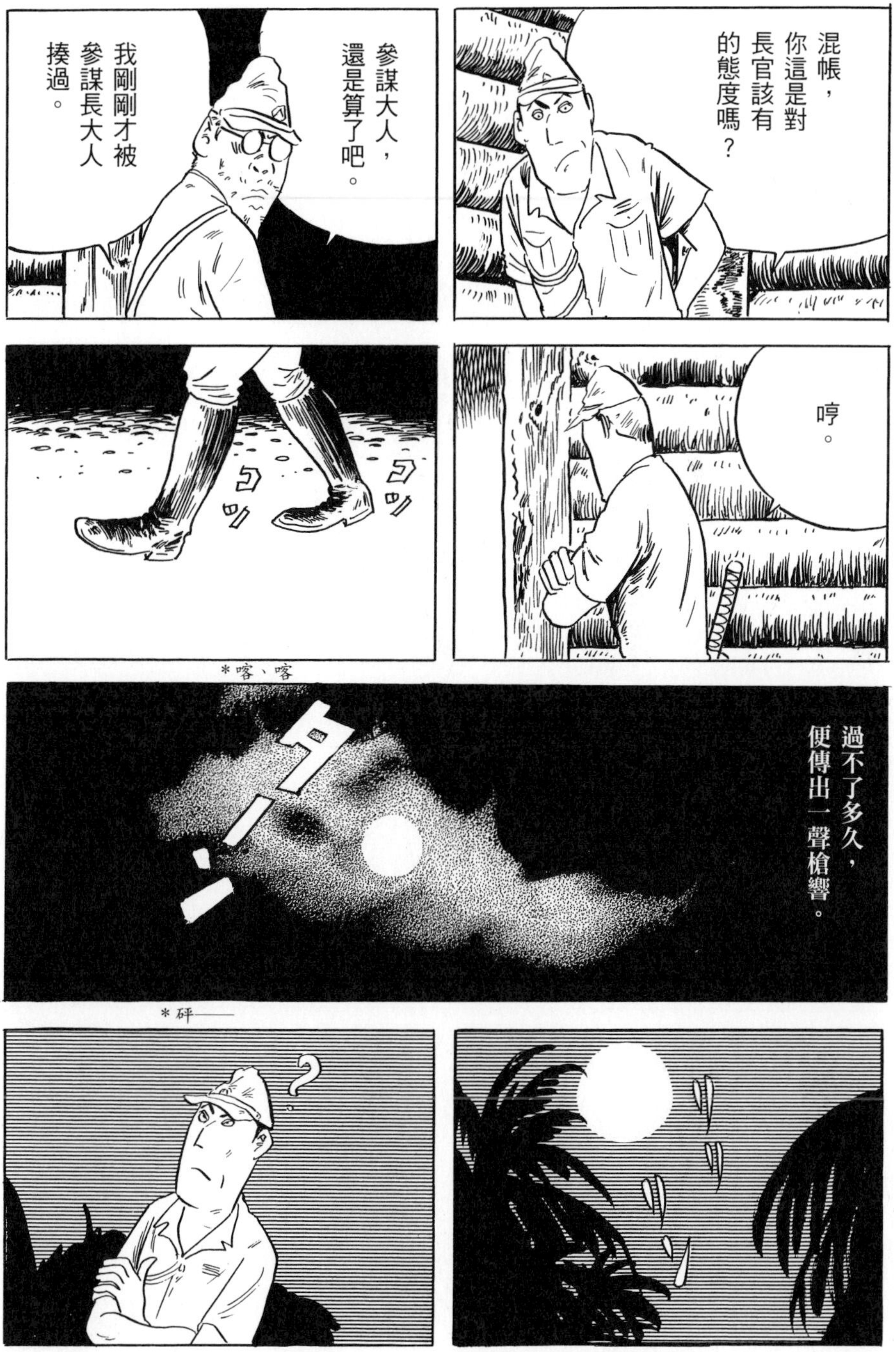
混帳，
你這是對
長官該有
的態度嗎？
參謀大人，
還是算了吧。
我剛剛才被
參謀長大人
揍過。
哼。
＊喀、喀
過不了多久，
便傳出一聲槍響。
＊砰——
？
＊唧唧

參謀大人，軍醫中尉自殺了！
什麼？
太可惜了，明明還能派上用場。
………

延後出發吧。
是？
總不能把軍醫埋在此地吧？
把他火化之後，再將遺骨葬於眾人所在的聖喬治角。
遵命。
パチパチパチ

*劈哩啪啦劈啪

死亡使者

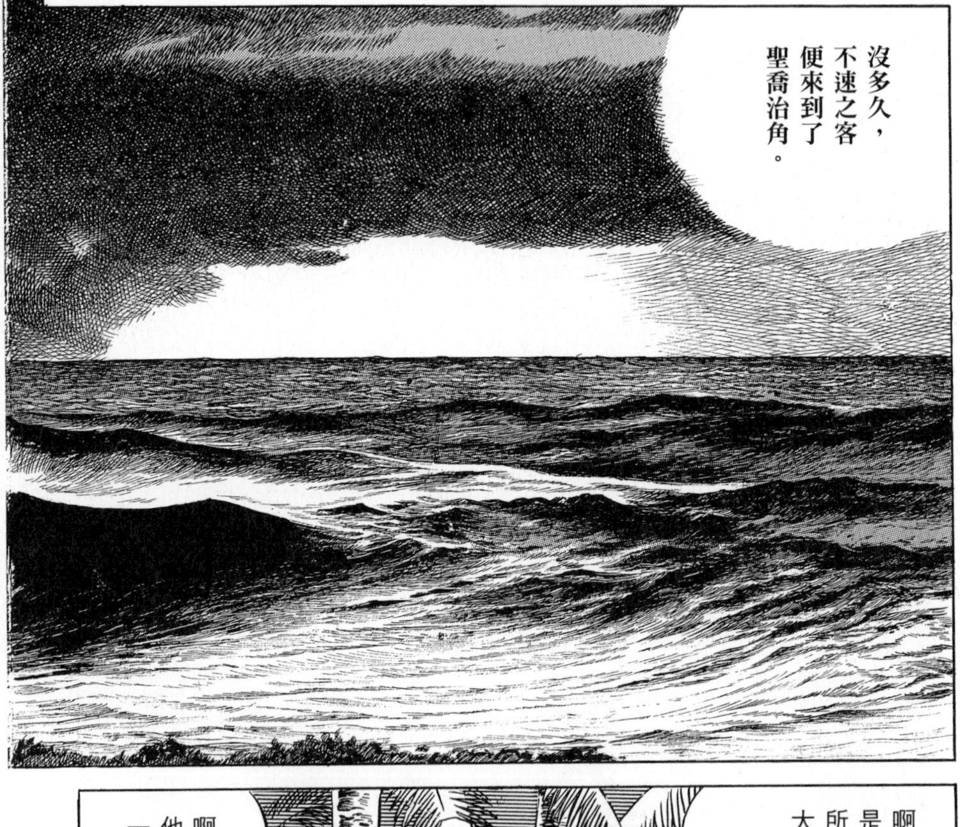
沒多久，不速之客便來到了聖喬治角。
啊，是參謀大人所搭乘的大發動艇。
啊，他還帶了一只木箱。

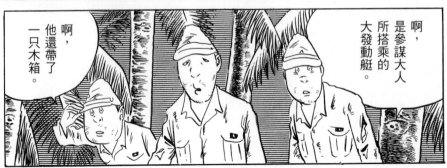

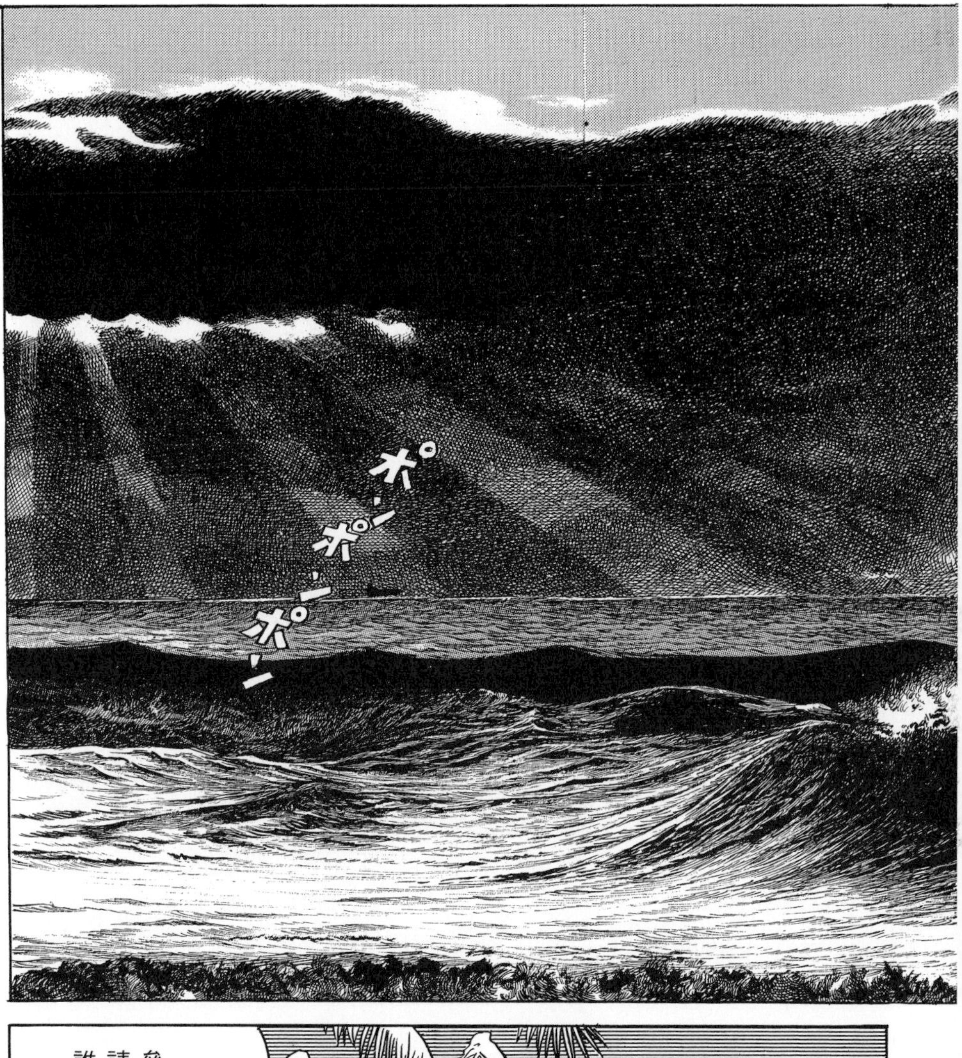
ポーポーポー

*噗噗噗

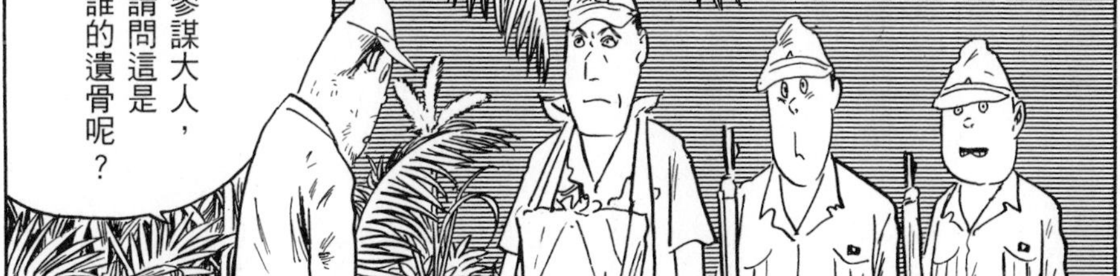
參謀大人，請問這是誰的遺骨呢？

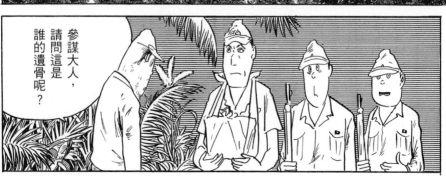

是軍醫的，我想把他葬於大家所在之地。
軍醫大人！
他被處刑了嗎？
他是自殺的。
參謀大人，宿舍請往這邊走。
今晚就先在那裡過夜吧。
但只是倉促搭建而成的。

不，蓋得很好。拜恩的軍隊在哪？
在叢林裡蓋了小屋讓他們住。
立刻把各隊長叫過來。
遵命。
千萬別讓士兵靠近此地。
遵命。

喂，參謀好像已經到了。

嗯……
明明內地都已經遭受轟炸了。

我們到底是為何而戰？
就是說呀。
守在這種鬼地方到底有什麼用？
這種時候也不會有軍法審判了吧？
對呀，班長大人。
參謀那傢伙不知有沒有帶食物過來。
我只對這件事感興趣。
滾開。
啊，這不是法務中尉大人嗎？
你這小子是怎樣？

少給我裝熟。
這裡不是你們該來的地方。
閃邊去吧。
是。
我叫你閃邊去。
不，這個……
現在正在開很重要的會議。

各位，真是辛苦你們了。
我是木戶參謀。
受兵團長閣下之命前來收拾殘局。
這裡誰的資歷最老？
是，我是第一小隊的山岸少尉。
下士官、士兵的總數，
全部共八十一人。
糧食呢？
已經見底了。
傷患呢？
共二十九名。
重傷者呢？
沒有。

這樣的話，你們是把重傷者丟下不管了吧。
……
……
……
至於你們今後的命運，
就等調查完畢後，另行下令。
明天輪流來報告你們各自所採取的行動。
遵命。
隔天早晨，參謀展開了調查。

拜恩的敗因，在於太早放棄瓦藍戈耶的陣地，
以及支隊長大人突然決定全體敢死突擊吧。
蠢蛋！
誰教你當起軍事評論家了！
我是問你怎麼來到此地的。
是，我當時什麼都沒吃，
而部下們也都餓著肚子。
所以決定先讓部下們吃個飽，再重新來過。
真是貪吃鬼！
不過抵達聖喬治角之後，發現這裡還有許多其他同胞。
如此一來，就不能只有自己帶著部下再作敢死突擊了。
我聽說參謀大人會來，所以一直等著。
你是打算苟且偷生地見我嗎？

你的長官和同僚們都相信大家會一起赴死，才展開突擊的。
你可是在背信忘義之下撿回一條命，還真敢……
在下清楚！
我願意！
願意什麼？

與部下們再次敢死突擊。
什麼時候？
現在立刻就去！
很好，我贊同你的決心。
話雖如此，但何時突擊由我來下令。
遵命。
把山岸少尉和北崎少尉再叫過來。
是。

雖然弄清楚你們兩個的戰況和撤退原因了，
但本官想知道的是，你們對接著的事是否做好覺悟。
……
已經做好覺悟了。
什麼覺悟？
……
那就明天再談吧。

各下士官，按照資歷，依序去見參謀大人。
搞什麼，連下士官也要呀。
不會連士兵都要吧？
你們少說廢話了，不如摘點棕櫚心來。
是。
班長大人，您的臉色…
少囉嗦！這是瘧疾害的。

……我對撿回一條命感到十分羞恥。眼前老浮現大夥們最後的樣子，一直無法入睡。
………
可是只有我一個人的話，
實在無法再次突擊。
獨自活下來的感覺很不好受，
真的好孤單。

我如果那時死了就好了。
我是個膽小鬼。
我是個大笨蛋。
有個方法可以讓你不再是膽小鬼。
ギャーッ
*呀——
我願意!
先等一下。
我願意!

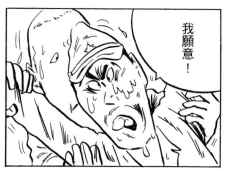

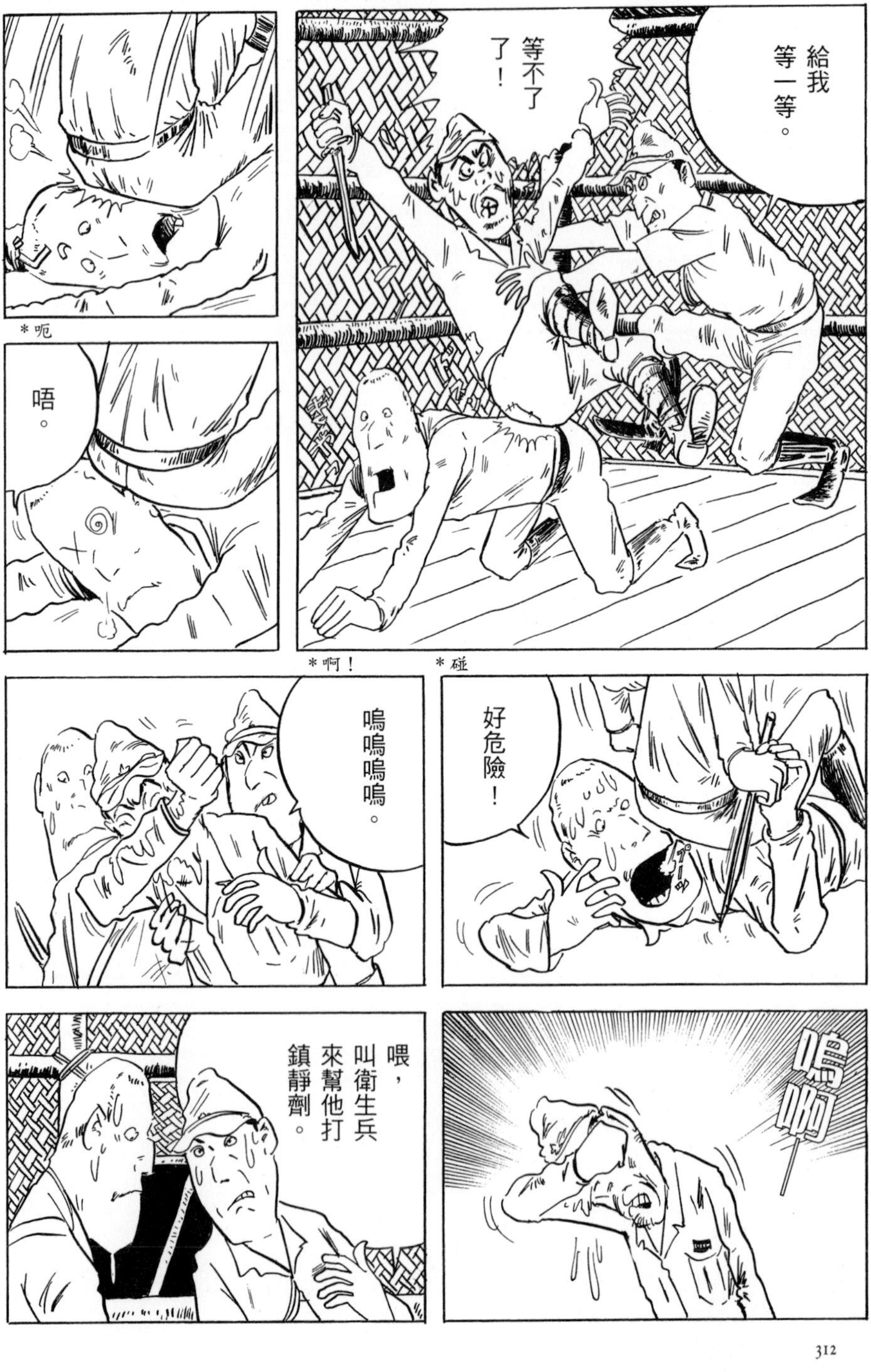
給我等一等。
等不了了！
＊啊！
＊碰
＊呃
唔。
好危險！
嗚嗚嗚嗚。
嗚啊
喂，叫衛生兵來幫他打鎮靜劑。

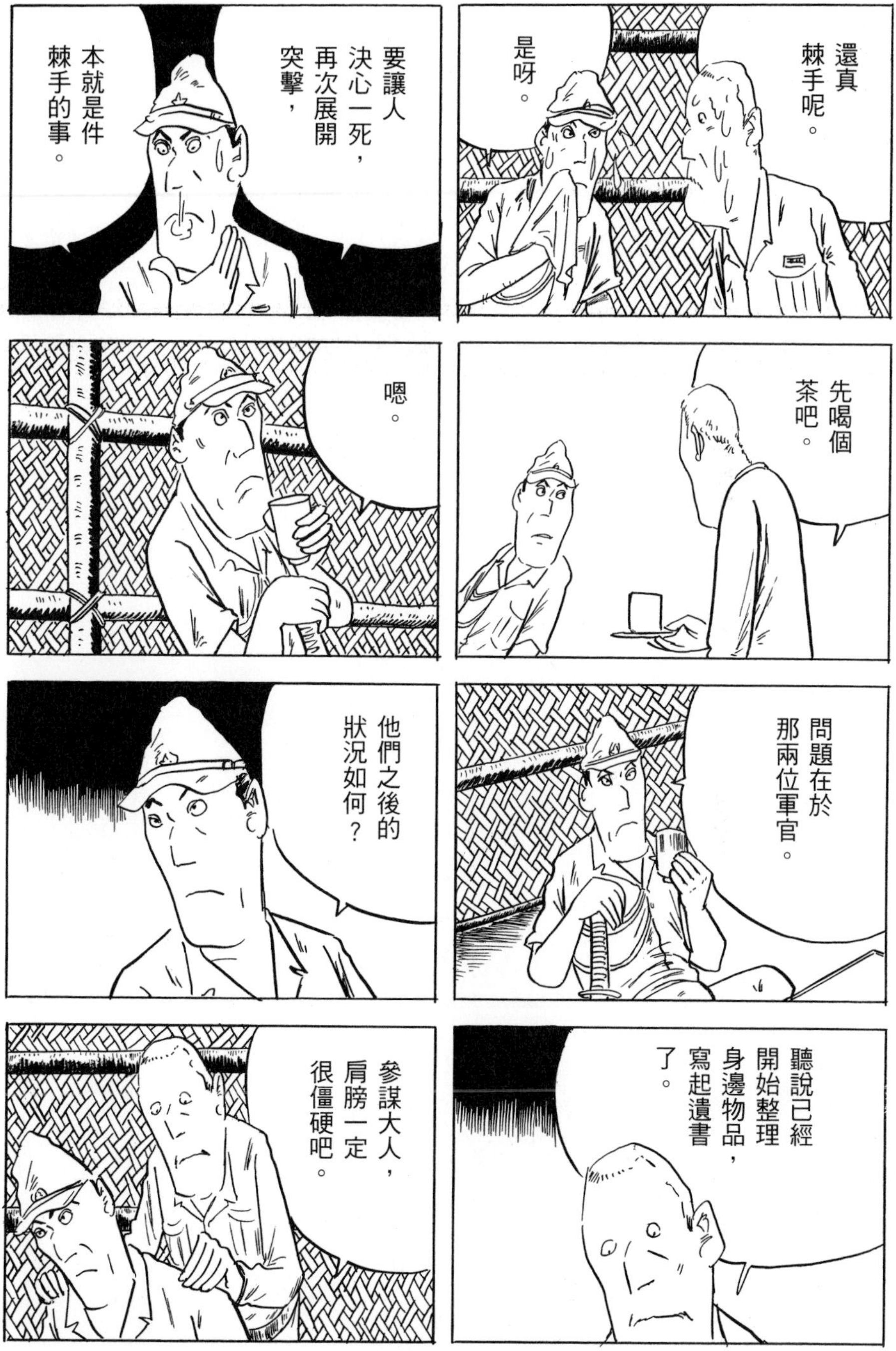
還真棘手呢。
是呀。
要讓人決心一死，再次展開突擊，
本就是件棘手的事。
先喝個茶吧。
嗯。
問題在於那兩位軍官。
他們之後的狀況如何？
聽說已經開始整理身邊物品，寫起遺書了。
參謀大人，肩膀一定很僵硬吧。

啊，果然硬得和石頭一樣。
那兩人本來是做什麼的？
一個是有錢人家的獨子，一個是女校的教師。
喔……
參謀大人，您問的問題還真有趣。
我這五年來一直都在幹中尉。
不知道人事那邊是不是出了什麼問題……
嗯。
這還真是一大難題。
啊，頭部也很僵硬。

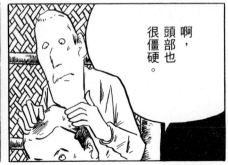

根據東洋醫學的說法，肩膀之所以僵硬，
代表內心有所鬱悶。
喂，眼睛按得太大力，都快被你挖出來了。
啊。
比起這個，那兩人的問題比較棘手。
……
如果無法決心一死、再次突擊的話，就只能交由軍法審判了。
……
不僅本人的下場十分淒慘，
考慮到遺族的立場……
我實在不忍這麼做。
*唧唧

翌日

啊，遲遲無法下定決心的人們來了。
嗯。
讓他們進來。
辜負了這麼多部下，我們決定以自殺謝罪。
你們終於痛下決心了。
不過在動手之前，務必找我到場。
作為最後的見證人，我有話要對你們說。
是。
我會在這間小屋裡等著。

他們其實可以不用自殺，和大家一同重新突擊不就好了嗎？
如果他們是真心一死的話，我就會要他們這麼做。
所以我才會在這裡等他們下定決心。
不過現在已經是晚上了。

聽說山岸少尉他們要一起自殺謝罪。
就算嘴巴上說要自殺，不過還是很難下手吧。
我們又會怎樣呢？
比起這種事，木瓜樹根到底煮好了沒？
聽說會指示我們再次突擊。
目標是？
應該是拜恩吧。

啊，是山岸小隊長和北崎小隊長。
一路上受了你們很多照顧。
結果卻對你們造成這麼大困擾。
我們兩人決定自殺謝罪了。

大家要好好活下去唷。
我會把你們最後的模樣轉告給家人的。
………
ザザーッ
ザーッ
＊唰唰——唰——
參謀大人，您還醒著嗎？
真傷腦筋。
那兩個人似乎已經和士兵們道別了。

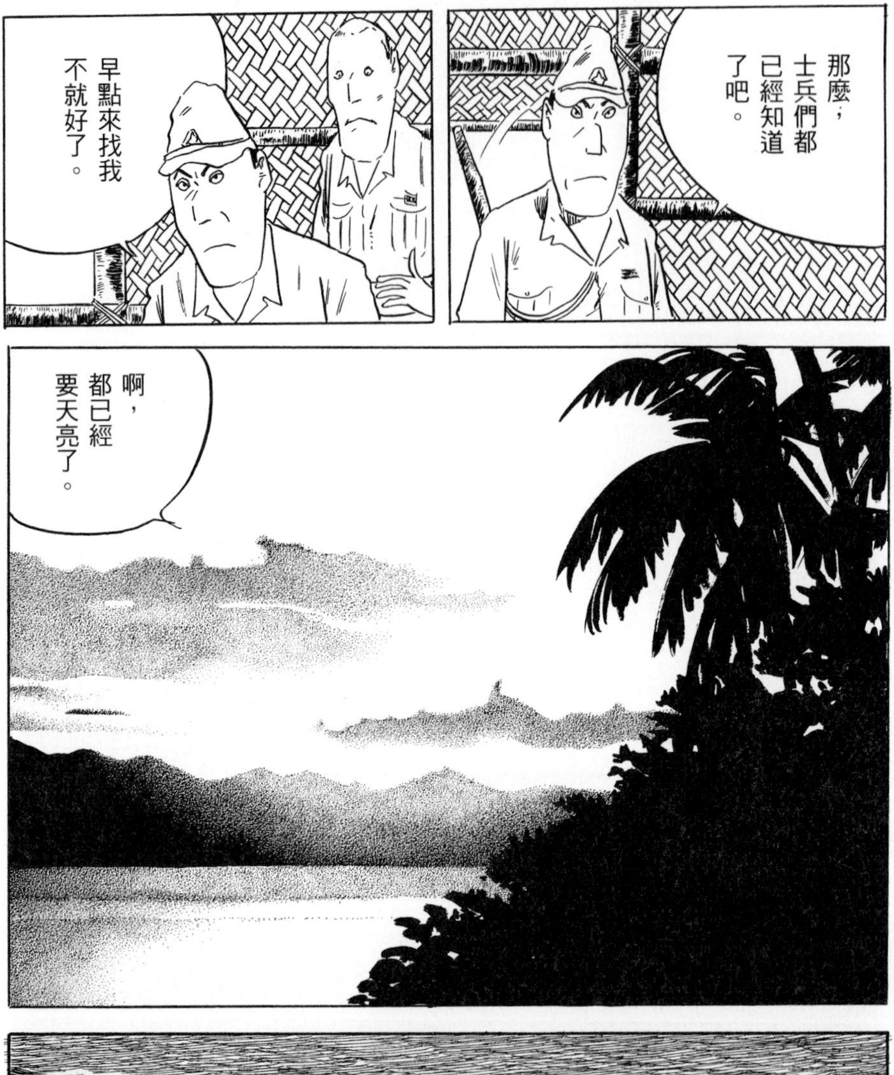
那麼，士兵們都已經知道了吧。
早點來找我不就好了。
啊，都已經要天亮了。
ザザーッ

＊唰唰——

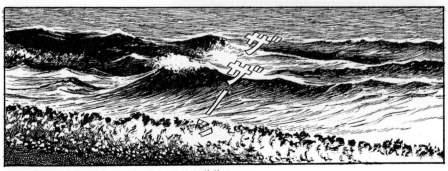

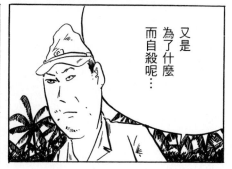

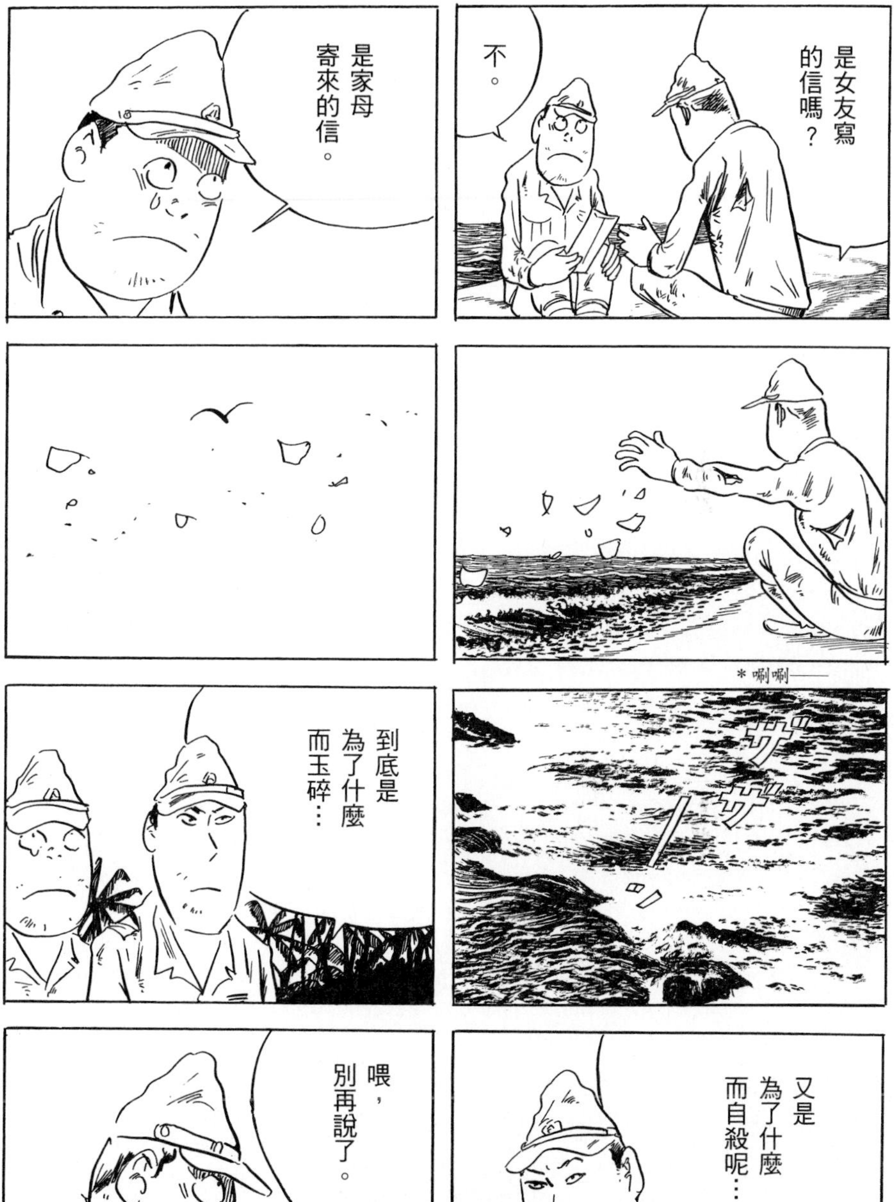
是女友寫的信嗎？
不。
是家母寄來的信。
ザザー
＊唰唰——
到底是為了什麼而玉碎…
又是為了什麼而自殺呢…
喂，別再說了。

就算我們再怎麼哭喊，都已於事無補了。
這就是我們的宿命吧。
ザザーッ
ザーッ
＊唰唰——唰——

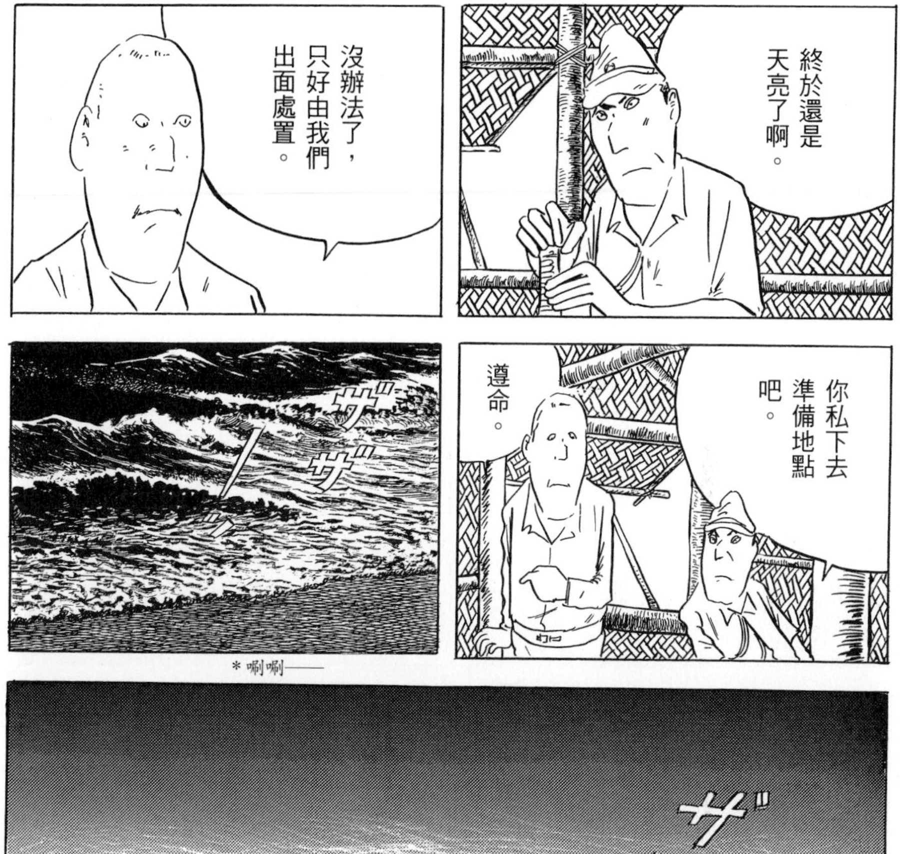
終於還是天亮了啊。
沒辦法了，只好由我們出面處置。
你私下去準備地點吧。
遵命。
ザザーッ
＊唰唰——
ザザーッ
＊唰唰——

＊唰唰——

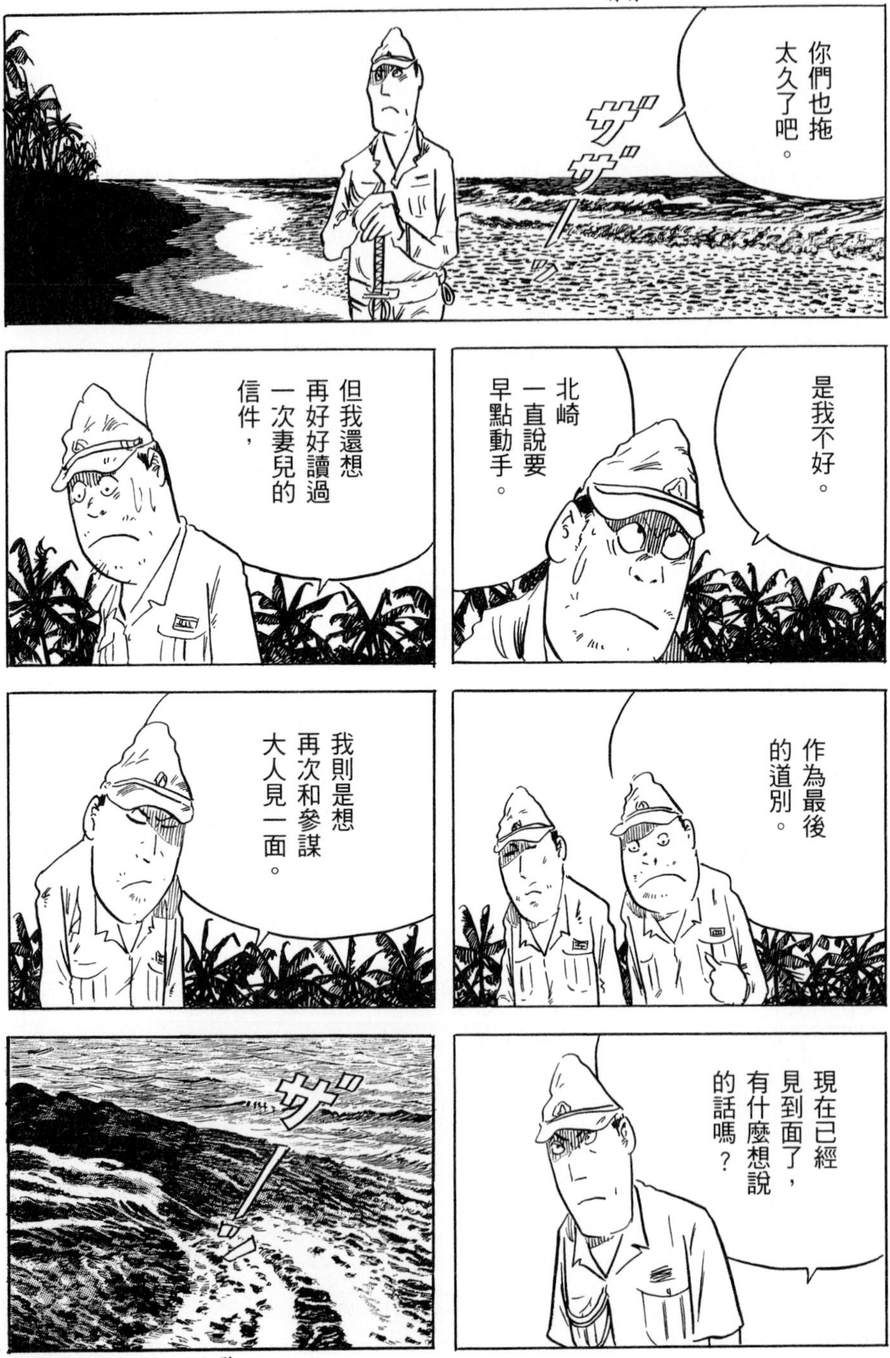
你們也拖太久了吧。
ザザーッ
是我不好。
北崎一直說要早點動手。
但我還想再好好讀過一次妻兒的信件，
作為最後的道別。
我則是想再次和參謀大人見一面。
現在已經見到面了，有什麼想說的話嗎？
ザーッ

＊唰——

* 唰唰——唰——
ザザーーッ
這裡沒有其他人在，就放膽地說吧。
……
參謀大人。
如何？
如果我們在此自殺謝罪的話，
* 唰唰——
軍方會怎麼告訴我們的家人呢？
ザザーッ

……
會說我們是戰死的嗎？
就這麼辦。
那麼，
實在很對不起。
我們將在此自殺謝罪。
勞煩您前來見證，後事就拜託您處理了。
ザーッ

＊唰——

＊丟

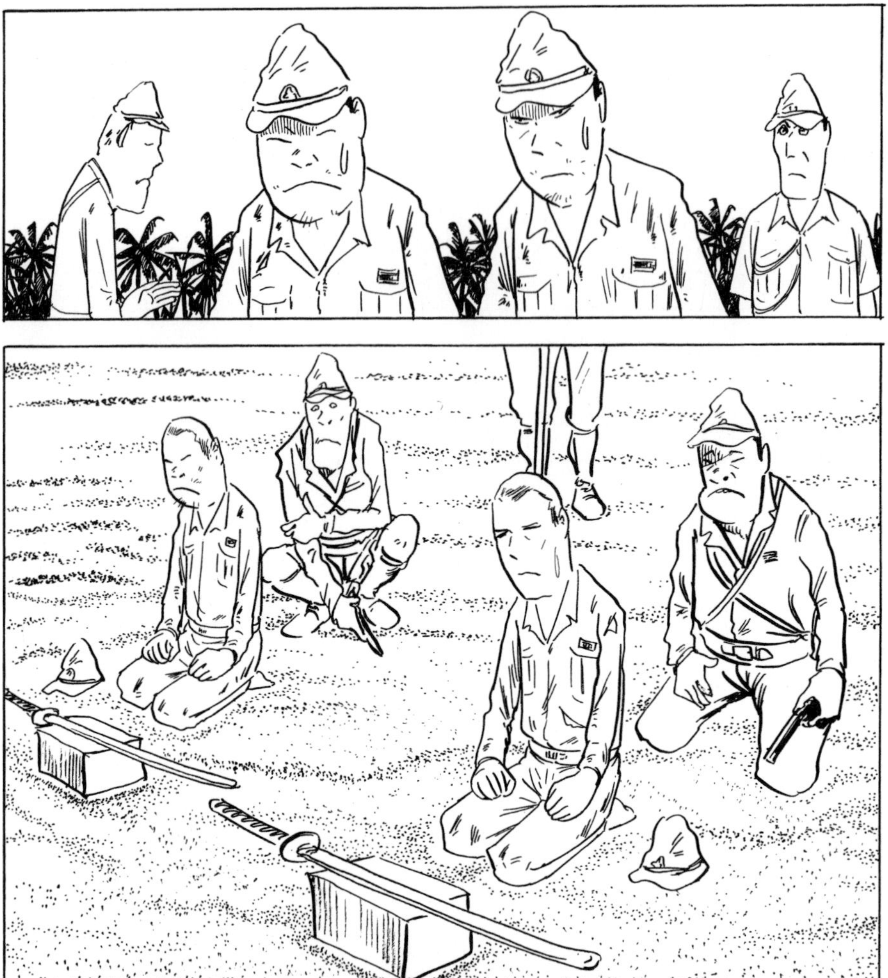

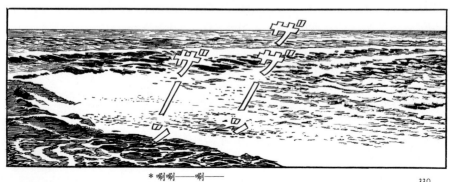

＊唰唰——唰——

*砰砰——
*唰唰——
連同軍醫的遺骨也一起埋了吧。
*唰唰——唰——

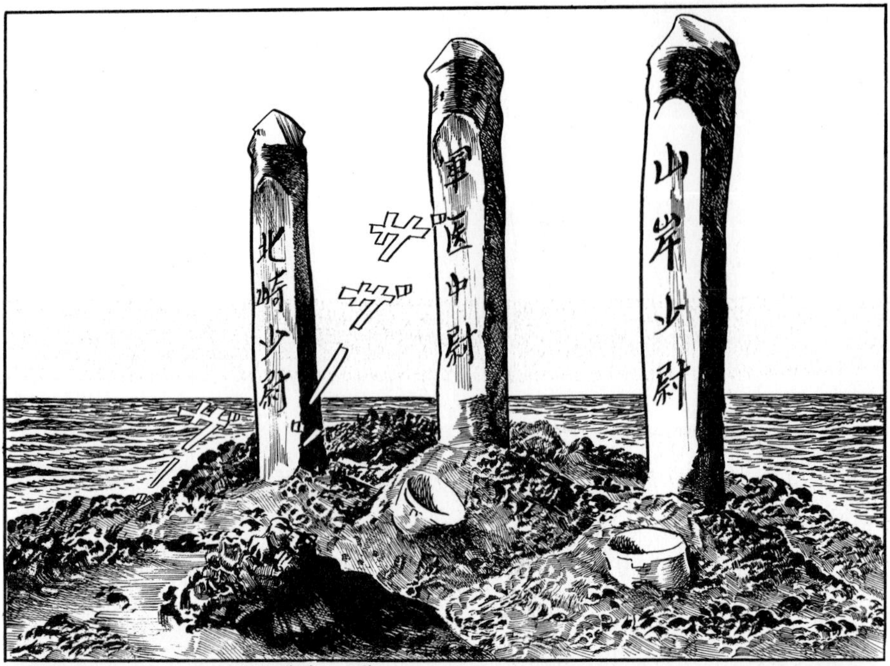

＊唰唰——唰——

＊唰唰——唰——

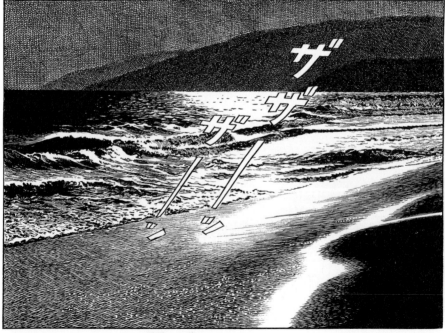

全軍覆沒的海角

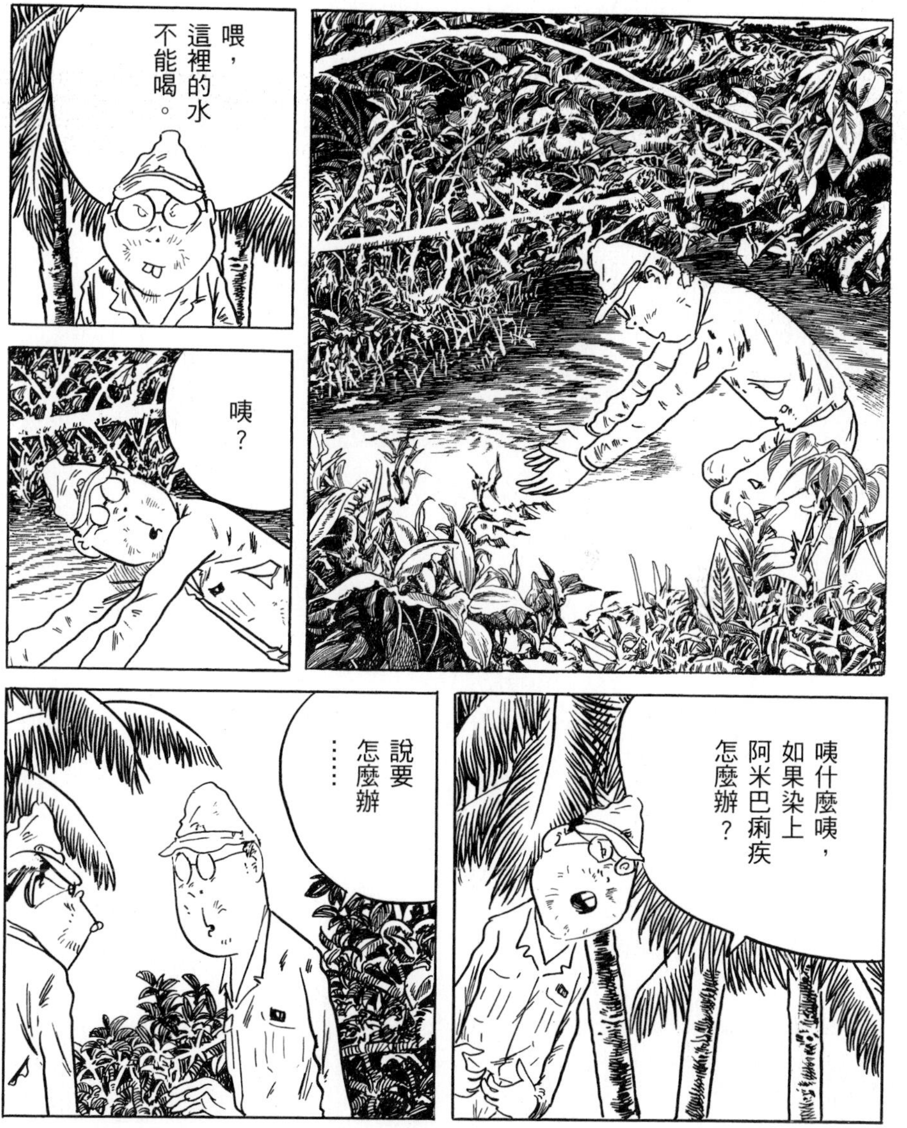
喂，這裡的水不能喝。
咦？
咦什麼咦，如果染上阿米巴痢疾怎麼辦？
說要怎麼辦……

就算得了病也沒關係吧？
你這傢伙在說什麼鬼話。
今天早上不是叫我們再次玉碎突擊了嗎？
說得也對。
會在什麼時候？
看參謀大人的命令吧。
真的嗎？
這次是真的。
赤崎他們把遺書寄放在我這裡了呢……
笨蛋，
你以為可以自己一個人活下來嗎？

那就得趕快把這些椰乾給吃掉呢。
如果吃了這種玩意兒，傷口就會拖很久都好不了耶。
下士官總是在抱怨呢。
你說什麼？我是特地好意提醒你耶。
啊，又有飛機聲了。

＊轟隆——

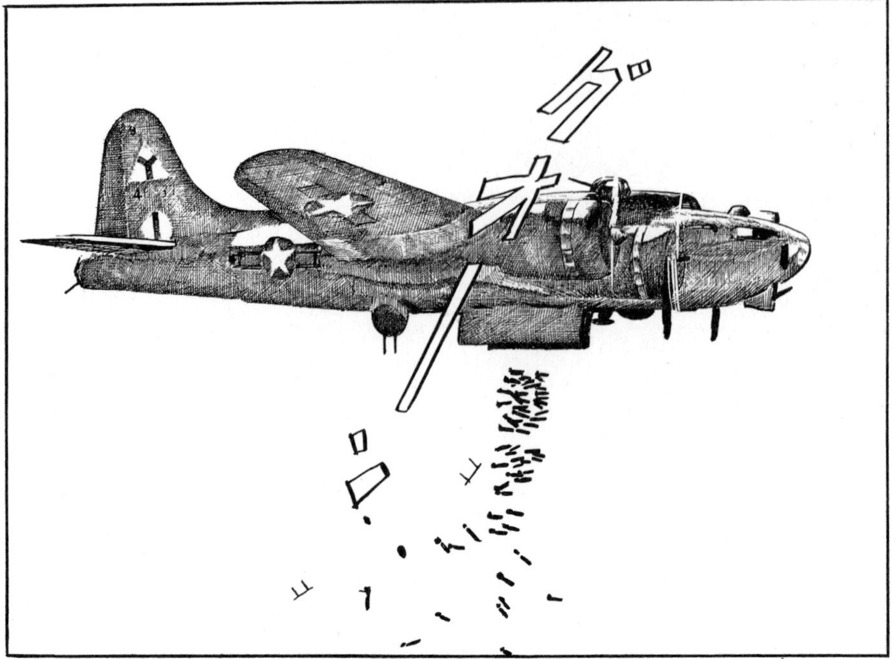

＊磅——

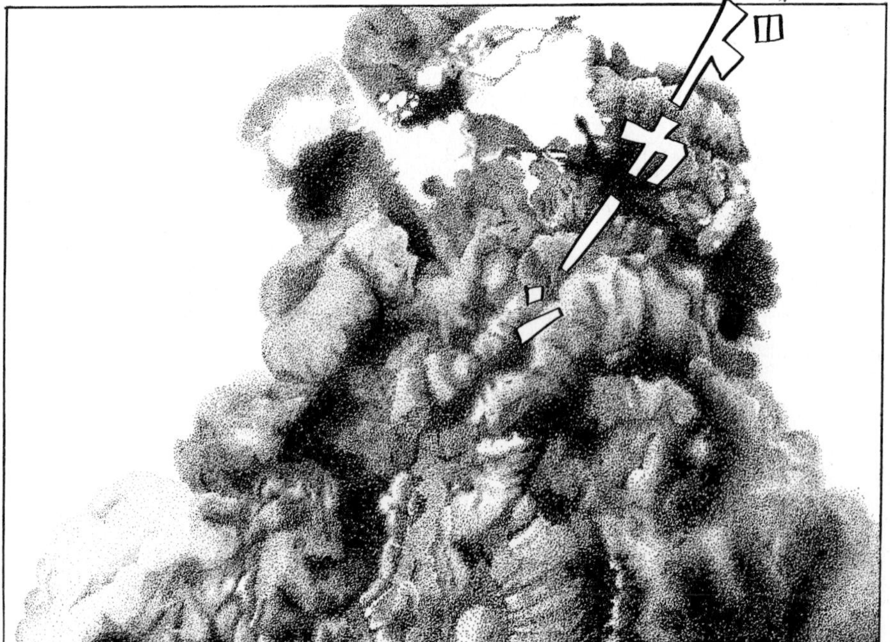

在出其不意的轟炸之下，分哨上的五人全數陣亡。
死了五人這麼多。
如果讓士兵白白死在這種地方，我特地跑來就沒意義了。
必須盡快再次突擊。
兵團長一定也等著吧…

*咻——

*嗡——

*轟——

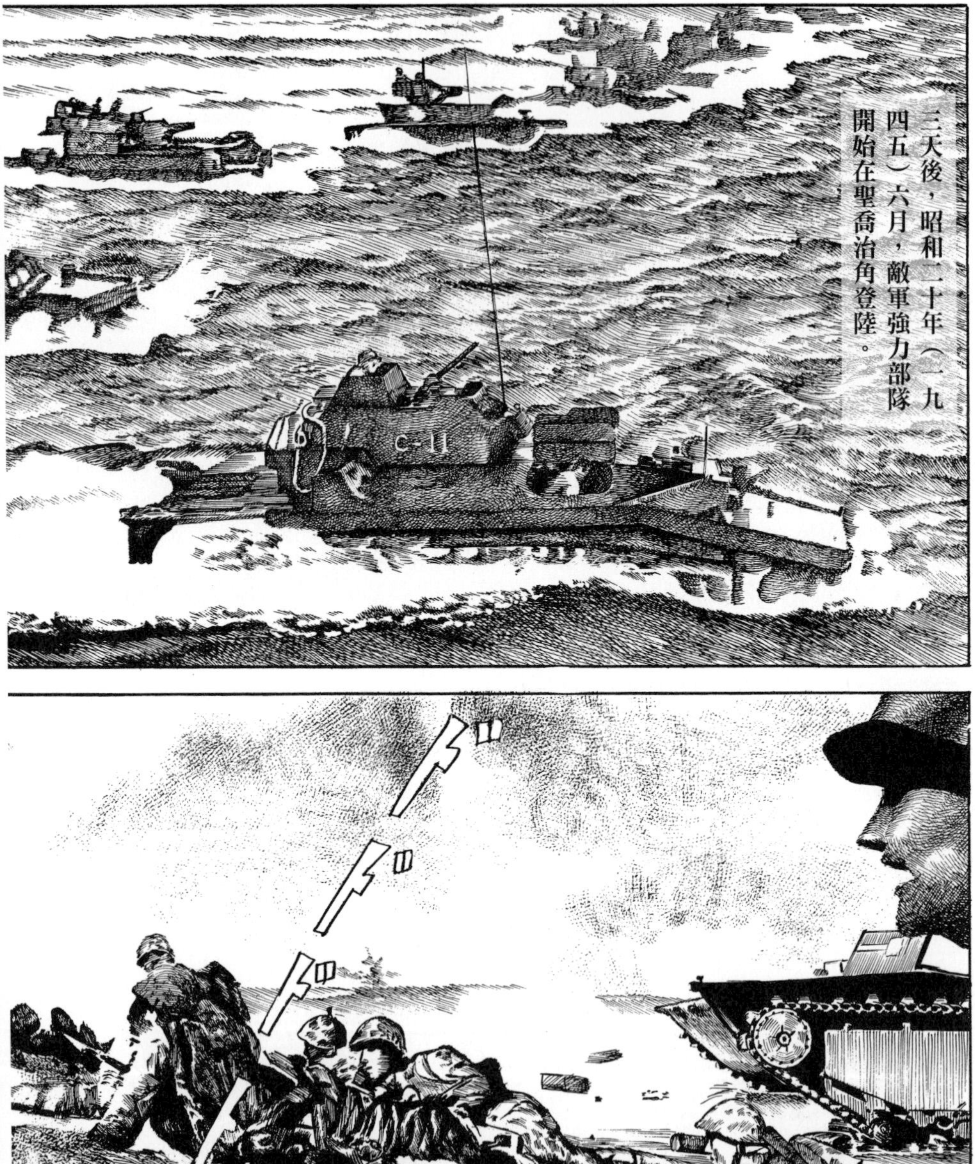
三天後，昭和二十年（一九四五）六月，敵軍強力部隊開始在聖喬治角登陸。

＊噠噠噠噠噠

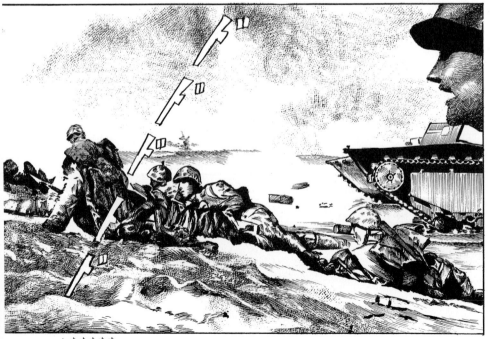

＊砰磅——

ドカーン、
玉碎的時機終於到了。
把拜恩的殘兵全都叫來。
由我負責指揮。
是。
你率領十名部下，埋伏在通往拉包爾的路上。和拜恩那時一樣，監視有多少人逃過一死。

不過這次格殺勿論。
遵命。
注意！
向木戶參謀敬禮！朝中央行注目禮！
禮畢！全員八十一名，事故者四名，四名皆是瘧疾患者。
現在全員八十一名集合完畢。

吾等八十一人將全員玉碎，偷襲敵軍後方。
各下士官分別帶領十人編成分隊。
由水本少尉擔任指揮班長，和本官一同前進。
遵命。
在此向祖國行訣別禮。
全體向右轉！
上刺刀。

從第一分隊
開始出發！

＊砰砰砰砰

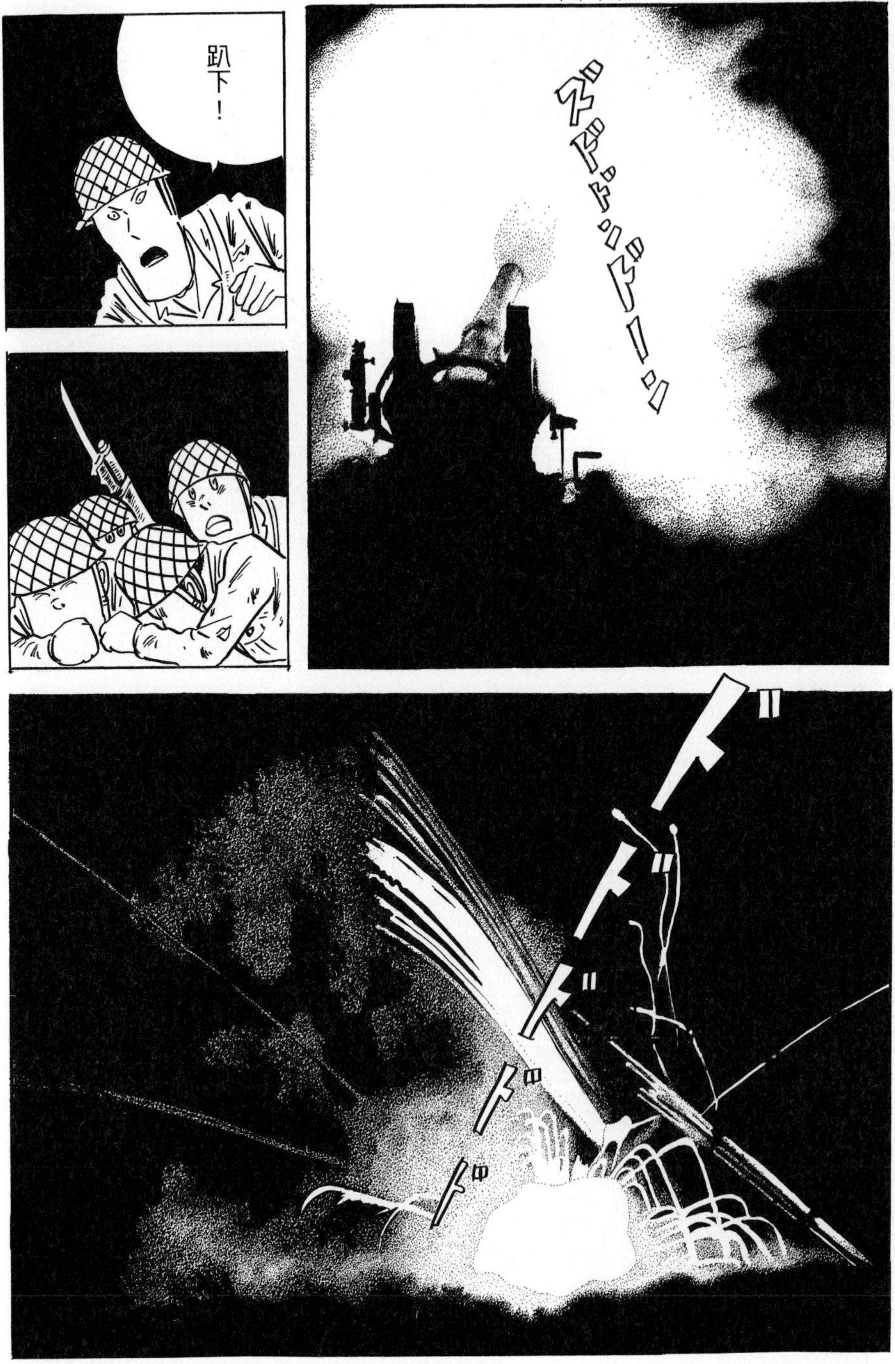

＊咚咚咚咚咚

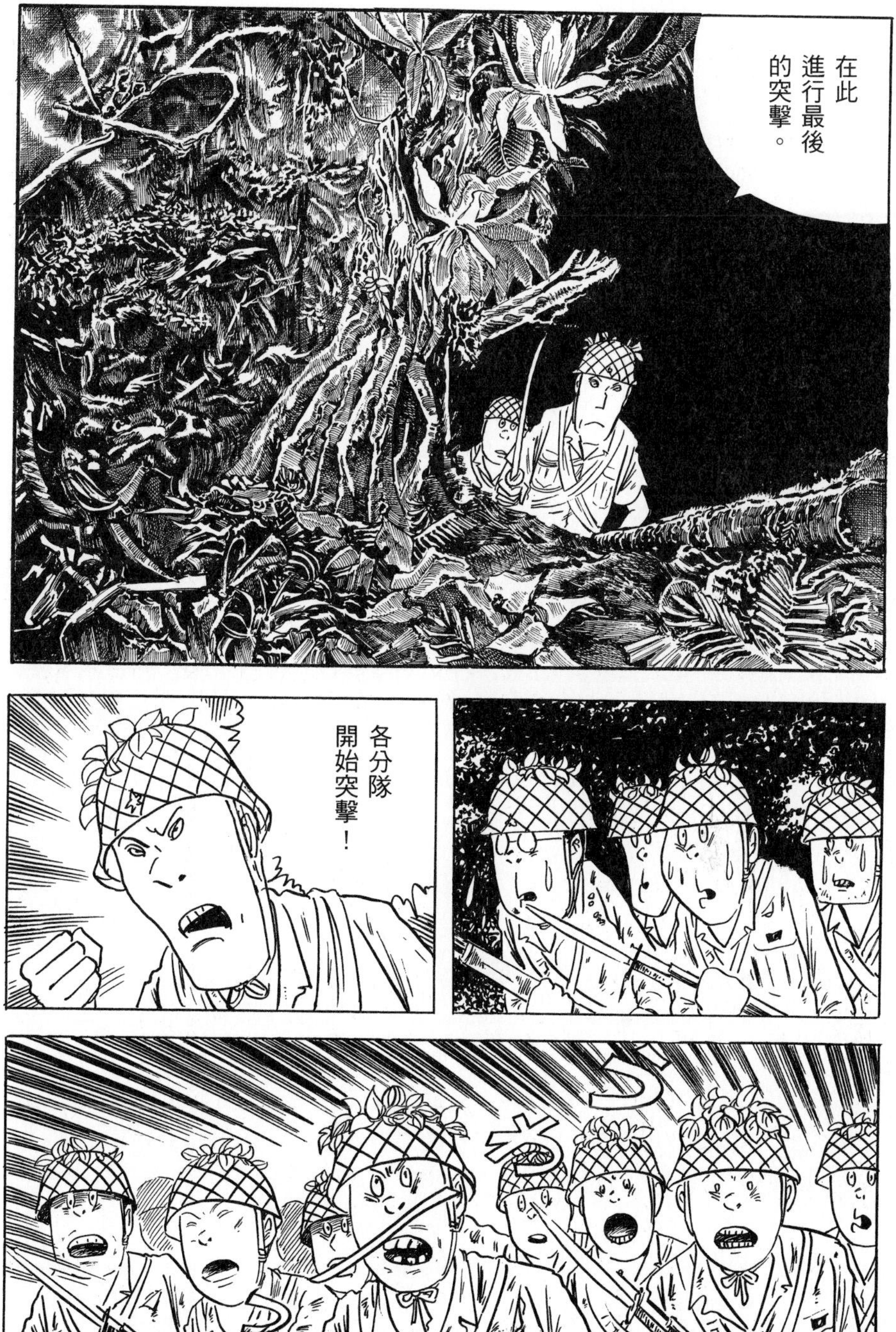
在此
進行最後
的突擊。
各分隊
開始突擊！

＊殺啊——

*噠噠噠噠噠
*呀！嗚啊——
ぎゃー
ううう
水本少尉，你代替我來率領指揮班。
什麼？

我叫你帶頭指揮。
莫非到了敵軍面前，
你玉碎的決心就動搖了嗎？
不，那參謀大人呢？
我有義務向兵團長閣下報告。
這麼說來，是不打算與我們一同赴死囉？
人情上雖然說不過去，但我肩負著殘酷的任務，必須親眼見證你們玉碎。

快點展開突擊吧。
你強迫別人送死，卻想自己逃出生天嗎？
這雖然很殘酷，但我也有自己的任務要顧。
既然都下令要我們送死了，你也應該一起死！
背信苟活的不只是我們，你不也是一樣嗎？
＊砰砰砰
＊嗚呃
＊倒下

參謀大人。
水本少尉，看來我已經完成義務了。
由你來擔任指揮，率領全軍突擊。
……
大家都看到了嗎？
我們將在此全員玉碎。
最後就唱著喜歡的歌赴死吧。

♬我為什麼　非得做這種

♬辛苦的工作　不可呢

當女郎還比較幸福呢。
就是說呀。
在此展開突擊。
指揮班，突擊！
うわーっ
*喔喔喔——

＊砰砰砰
バッバッバッ

ドカーン
＊砰磅——

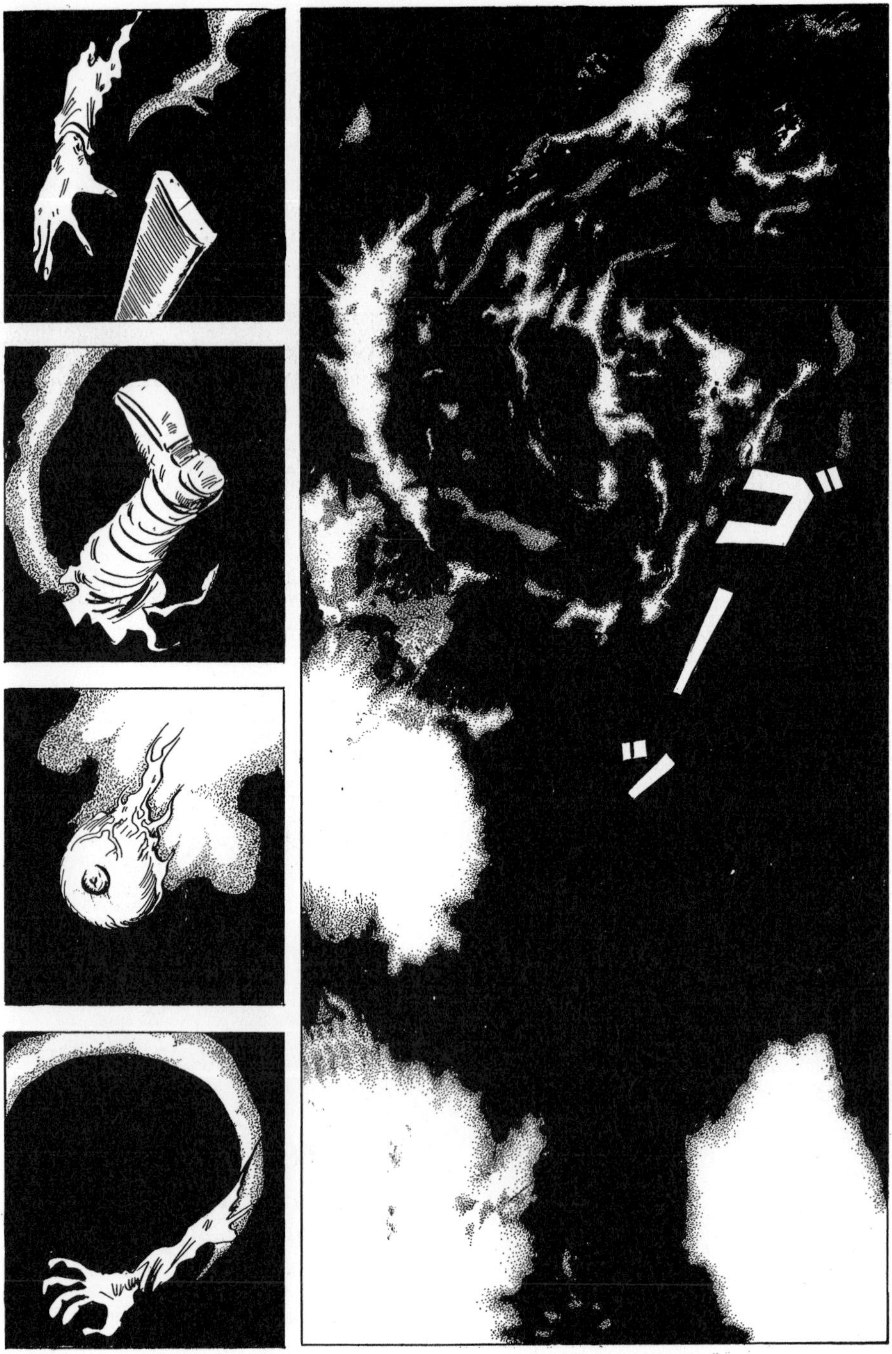

*轟隆——

如惡夢般的一晚
終於結束了。
丸山的臉頰上
被子彈射了個洞，
蒼蠅則在此產卵，
等他回過神來
的時候……
よろよろよろ

*顫顫巍巍

＊顫顫巍巍

＊抖

みんな死んじまったぁ………
ひるはしおれて夜にさくか………
ケケケケケ
よろよろよろ
よろ
わたーしは
なーあんで
こーのよーうな
つらいつとめを
せにゃならぬ

＊大家都死光了……
在白天枯萎凋零，夜裡綻放嗎……嘻嘻嘻嘻

♬我為什麼非得做
這種辛苦工作不可呢

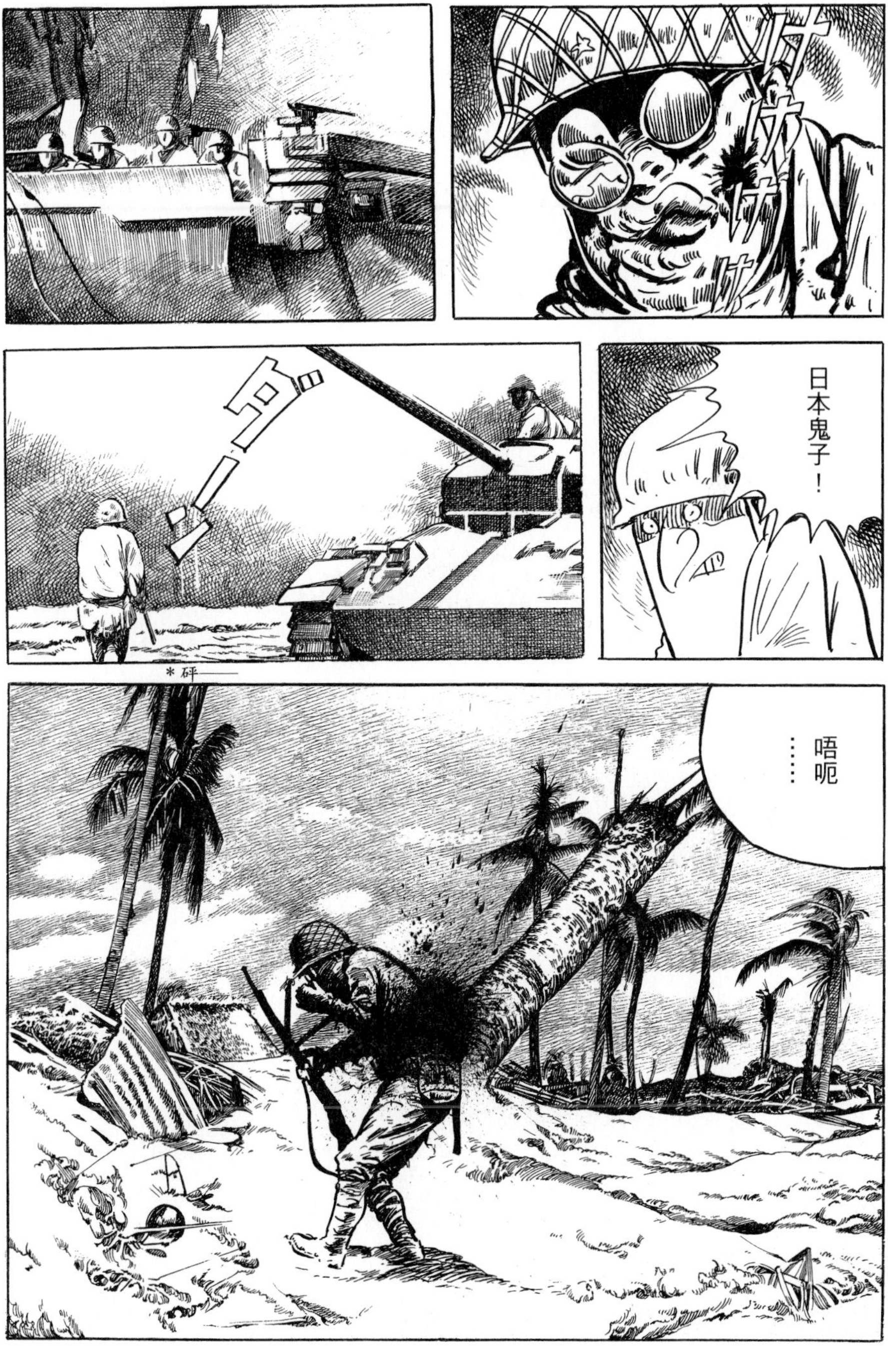
＊嘻嘻嘻嘻
日本鬼子！
＊砰——
唔呃……

啊⋯⋯
大家都是在這種心情之下死去的呀。
沒有任何人看到，
也不會有人加以傳頌，就這麼被遺忘而逝去⋯⋯

「這個陣地真的有必要做到這種地步，也非得守下來不可嗎……？」
駐守鄰近陣地的連隊長如是說。

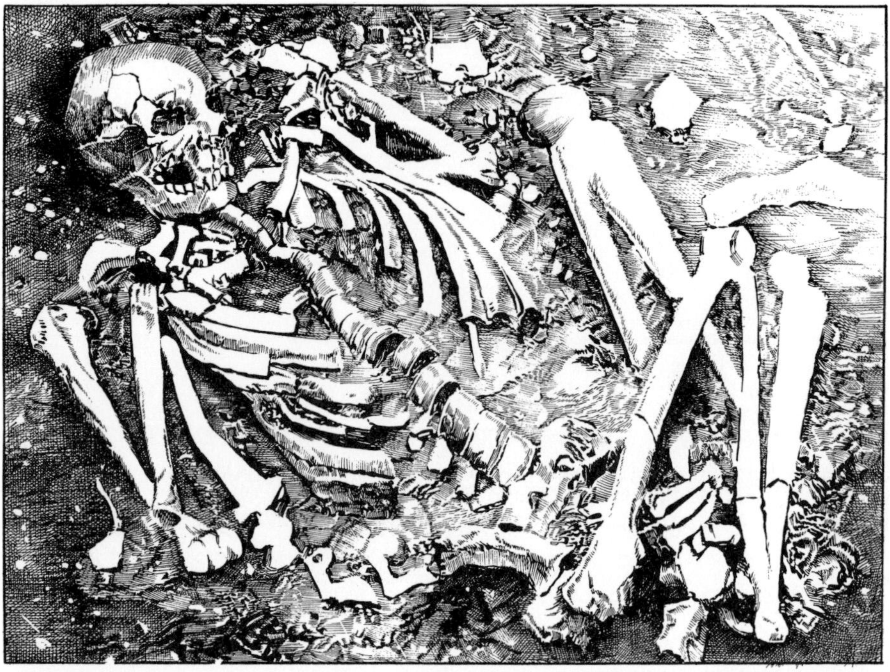

〔首次刊載〕
《総員玉砕せよ !—聖ジョージ岬・哀歌—》講談社，1973 年 8 月 8 日出版

後記

那裡真的有必要做到這個地步嗎……

「全員玉碎」這個故事，有九成都是事實。

雖然書中安排參謀遭流彈擊中而陣亡，但這點並非事實，參謀最後看準時機順利逃之夭夭了。

書中雖然畫成全員陣亡，實際上則有將近八十人倖存。

首先，在這座島上就算有人對你說：「我們**接下來**就會死了，你們先去送死吧。」還是很難就這麼慷慨赴義。

「玉碎」這種玩意兒，不管在任何地方都一樣，一定都會出現倖存者。

但在貝里琉島（Peleliu）等地，倖存者的數量算卻寥寥無幾，因此被奉為典範。而拉包爾（Rabaul）的評價往往僅次於貝里琉島。

像貝里琉島這樣，全體一致**共赴黃泉**的話，玉碎作戰就會成功。

而在拉包爾這邊，明明還有十萬名士兵在後方活得好好的，卻叫位於前線的五百人（實際大約三、四百人）去送死，實在很難獲得全體士兵的認同。

軍中常說，士兵跟襪子都是消耗品，士兵的地位通常只和「貓」平起平坐。不過只要一提到「死」，士兵果然也是凡人。俗話說：「一寸蟲也有五分魂。」就我看來，如果沒取得全體士兵的默許，光是下令叫他們去死，玉碎作戰是無法成立的。

年僅二十七歲的新任大隊長，就個人來說或許十分優秀，但要統率近五百人的意志，實在還是太年輕了。

而指揮他們的、或者該說是對他們下令的，就是「參謀」了。倒不如說，師團長的方針就是要拉包爾的十萬士兵「在此送死」，參謀才會照本宣科地如法炮製。

軍官、下士官、馬匹、士兵，在軍中這種優先順位之下，士兵根本稱不上是「人類」，而是連馬都不如的生物。就我看來，在玉碎中保住一命絕非卑鄙，而是身而為「人類」的最後抵抗。

書末雖然安排全體一起喪命，但我曾經想過要讓其中一名士兵逃出生天，並向駐守在下一個地點的連隊長報告此事。但這麼一來故事會拖得太長，才安排成全員玉碎。事實上，駐守鄰近地區的混合三連隊之連隊長，曾針對這起玉碎事件表示：「那個地方真的有必要做到這個地步，也非得守下來不可嗎？」

當我聽到此事時，只能對天長嘆。

「那個地方真的有必要做到這個地步嗎……」這句話實在太空虛了，而死人（戰死者）是不會說話的。我只要一畫起戰爭故事，胸中就會湧起一股**不知從何而來的怒氣**。大概是戰死者之靈使然吧。

一九九一年八月

水木茂

（原文首刊於《総員玉砕せよ！》〔講談社，1991年〕）

大河 29

全員玉碎！

総員玉砕せよ！

作者——水木茂
譯者——酒吞童子
出版總監—陳蕙慧
總編輯——李進文
行銷總監—陳雅雯
行銷——尹子麟、余一霞
編輯——陳柔君、徐昉驊、林蔚儒
封面設計—霧室
排版——簡單瑛設

出版者——遠足文化事業股份有限公司（讀書共和國出版集團）
地址——231新北市新店區民權路108-2號9樓
電話——(02)2218-1417
傳真——(02)2218-8057
電郵——service@bookrep.com.tw
郵撥帳號—19504465
客服專線—0800-221-029
部落格——http://www.bookrep.com.tw
Facebook—日本文化觀察局（https://www.facebook.com/saikounippon/）
法律顧問—華洋法律事務所 蘇文生律師
印製——呈靖彩藝有限公司

初版一刷 西元 2018 年 8 月
初版九刷 西元 2023 年 9 月